100 RESPOSTAS DO CONCURSEIRO SOLITÁRIO

Preencha a **ficha de cadastro** no final deste livro
e receba gratuitamente informações
sobre os lançamentos e as promoções da Elsevier.

Consulte também nosso catálogo completo,
últimos lançamentos e serviços exclusivos no *site*
www.elsevier.com.br

CHARLES DIAS
ANA PAULA DE O. MAZONI
CARLOS SALES
CLEBER OLYMPIO
ENALDO FONTENELE
ERIC GERHARD
RAQUEL MONTEIRO

100 RESPOSTAS DO CONCURSEIRO SOLITÁRIO

PARA AS PERGUNTAS QUE NÃO QUEREM CALAR

ELSEVIER

CAMPUS
CONCURSOS

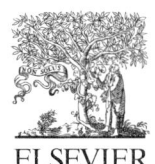

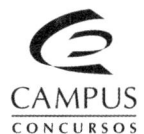

© 2011, Elsevier Editora Ltda.

Todos os direitos reservados e protegidos pela Lei nº 9.610, de 19/2/1998.

Nenhuma parte deste livro, sem autorização prévia por escrito da editora, poderá ser reproduzida ou transmitida sejam quais forem os meios empregados: eletrônicos, mecânicos, fotográficos, gravação ou quaisquer outros.

Revisão: Hugo de Lima Correa
Editoração Eletrônica: SBNIGRI Artes e Textos Ltda.

Coordenador da Série: Sylvio Motta

Elsevier Editora Ltda.
Conhecimento sem Fronteiras
Rua Sete de Setembro, 111 – 16º andar
20050-006 – Centro – Rio de Janeiro – RJ – Brasil

Rua Quintana, 753 – 8º andar
04569-011 – Brooklin – São Paulo – SP – Brasil

Serviço de Atendimento ao Cliente
0800-0265340
sac@elsevier.com.br

ISBN 978-85-352-4749-7

Nota: Muito zelo e técnica foram empregados na edição desta obra. No entanto, podem ocorrer erros de digitação, impressão ou dúvida conceitual. Em qualquer das hipóteses, solicitamos a comunicação ao nosso Serviço de Atendimento ao Cliente, para que possamos esclarecer ou encaminhar a questão. Nem a editora nem o autor assumem qualquer responsabilidade por eventuais danos ou perdas a pessoas ou bens, originados do uso desta publicação.

CIP-Brasil. Catalogação-na-fonte.
Sindicato Nacional dos Editores de Livros, RJ

C388

    100 respostas do concurseiro solitário / Charles Dias... [et al.]. – Rio de Janeiro: Elsevier, 2011.
    200 p. – (Ferramentas do desempenho)

    ISBN 978-85-352-4749-7

    1. Método de estudo – Manuais, guias, etc. 2. Serviço público – Brasil – Concursos – Manuais, guias, etc. 3. Concursos – Perguntas e respostas. I. Dias, Charles. II. Título: Cem respostas do concurseiro solitário. III. Série.

11-3235.   CDD: 371.30281
                                                                             CDU: 37.04

Dedicatórias

Aos meus pais pelo apoio condicional. Aos amigos coautores desse livro por sua dedicação ao blog Concurseiro Solitário. A minha amada Roselene pelo apoio e ótimas dicas. A todos os concurseiros do Brasil que honestamente procuram no serviço público um futuro mais farto e digno.
Charles

Para Paulo, Maria José e Júlia: meus alicerces, tão amados, nessa caminhada. Para Guilherme: meu companheiro, amor e melhor amigo. E por Schoenstatt: meu ideal e fonte de fé e esperança.
Ana Paula

Dedico este livro a minha querida mãe e minha amada esposa. Sem elas, nada do que fiz até hoje teria sido possível.
Carlos

A meu melhor amigo, Jesus Cristo, em quem vivo, me movo e existo.
Cleber

A minha professora e melhor amiga Maria Inês Senra Anachoreta.
Eric

Que este livro simbolize a força e a luta dos concurseiros.
Fontenele

Aos meus pais, Jorge e Suely, pelo apoio incondicional. A Ricardo Amado pelo incentivo de sempre. A Charles Dias por me ajudar a descobrir o fascínio pela escrita. Aos queridos amigos colunistas e leitores do blog Concurseiro Solitário com quem tanto aprendo sobre concursos e sobre a vida.
Raquel

Prefácio

Mais difícil do que iniciar uma caminhada que se anuncia longa e cheia de percalços – como a que leva à aprovação num concurso público – é fazê-la sozinho. Para um concurseiro iniciante, como já fomos todos nós que hoje exercemos um cargo efetivo na administração, a sensação de tatear no escuro é provavelmente a mais real. Por onde começar a estudar? Livros ou apostilas? Focar num concurso intermediário ou na carreira dos sonhos? Insistir ou não no objetivo de ser um servidor?

A angústia que nasce de tantas dúvidas e, principalmente, da própria condição singular de cada guerreiro nessa batalha, inspirou a criação do blog *Concurseiro Solitário*. Sob a batuta do Charles Dias, vários colaboradores publicam diariamente artigos que, ao fim e ao cabo, têm um único e nobre objetivo: iluminar com experiências pessoais o caminho dos que se arriscam na aventura concurseira. O *feedback* dos leitores, ao longo dos quase quatro anos de blog, teceu a trama de *100 Respostas do Concurseiro Solitário*, um livro que não tem a pretensão de esgotar as dúvidas, mas que tem a qualidade essencial de organizar o maior número possível de respostas de modo claro e objetivo.

Ao novíssimo concurseiro, sugiro que use *100 Respostas do Concurseiro Solitário* como guia de sobrevivência. A quem já está na guerra, acredito que ele possa ajudar a encontrar novos caminhos ou, simplesmente, corrigir rumos equivocados. De qualquer modo, creio que esta é uma obra de referência pra quem pretende entrar no universo dos concursos e conquistar, ao fim da estrada, a tão sonhada aprovação.

Os Autores

Charles Dias é formado em Economia pela USP e já trabalhou em diversas grandes empresas multinacionais nas áreas de planejamento financeiro e estratégico e projetos especiais, bem como atuou como consultor de negócios. Decidido a ingressar na carreira pública, abandonou tudo e mudou-se para uma cidadezinha no interior de Minas Gerais para poder estudar com tranquilidade. Poucos meses após começar a estudar, decidiu criar o blog *Concurseiro Solitário* para auxiliar outros concurseiros com informações de qualidade e dicas de estudo. Em pouco tempo seu blog se tornou uma referência sobre concursos públicos e hoje é atualizado diariamente com o apoio de uma equipe de concurseiros colaboradores. Foi classificado em diversos concursos públicos, como para Dersa, TJSP e INSS. Em setembro de 2010, foi empossado e atualmente trabalha na Anac.

Ana Paula de Oliveira Mazoni é concurseira por vocação. É bacharel em Direito pela Universidade Estadual de Londrina (2008), pós-graduada em Direito do Estado pela Universidade Estadual de Londrina (2009) e pós-graduanda em Direito Constitucional pelo Instituto de Direito Constitucional e Cidadania (2012). Deixou de advogar por entender que sua missão peculiar é ser servidora pública, dignificando sua função e contribuindo para a construção de uma nova comunidade e nova ordem social. E segue lutando e vencendo no campo de batalha que é a vida, em busca de seu sonho.

Carlos Henrique Von Muhlen de Sales é servidor público federal, atualmente na Anac. Estudante universitário matriculado no bacharelado em Ciências Econômicas, foi aprovado em diversos concursos, como Infraero (PTA – Controlador de Voo), Ministério da Saúde (Agente Administrativo), Ministério da Fazenda (Assistente Técnico-Administrativo), Anvisa (Técnico Administrativo), São Paulo Previdência (Técnico Previdenciário), entre outros.

Cleber Olympio é paulistano, advogado militante em Campinas (SP) desde 2001, bacharel em Ciências Jurídicas pela PUC Campinas desde 2000, radialista (setor locução) pelo Senac São Paulo desde 1996. Concurseiro por vocação, necessidade e projeto de vida. Articulista do blog *Concurseiro Solitário* desde 2010. Responsável pelo site Militar Cristão desde 2003, de auxílio e aconselhamento bíblico a militares.

Enaldo Fontenele é técnico em Informática, exercendo atualmente a profissão de concurseiro profissional na área de Tribunais. Atua ativamente como articulista do blog *Concurseiro Solitário* e coordena grupos de estudos para concursos públicos, nos quais contribui com sua experiência e dedicação, auxiliando quem, como ele, busca ingressar na carreira pública.

Eric Gerhard é ilustrador, pintor e artista. Como coach de certificação internacional pelo INAp (Instituto de Neurolinguística Aplicada) do Rio de Janeiro, ele atua com empresas, profissionais de vendas e clientes de diversas áreas na missão de ajudá-los a estabelecer suas metas e os recursos para chegar lá. Na área dos concursos, já deu palestras e trabalhou metas de concurseiros para criar rotinas poderosas, a fim de que conquistem o máximo desempenho nos estudos.

Raquel Monteiro é formada em Direito pela Universidade Estácio de Sá e pós-graduada em Direito Público pela Universidade Gama Filho. Decidida por abraçar a paixão pela carreira pública, reduziu a carga de trabalho e resolveu direcionar todos os seus esforços para o estudo para concursos. Buscando dicas e estratégias para melhorar seu desempenho em prol de seu objetivo, conheceu o blog *Concurseiro Solitário*, vindo a se tornar colunista fixa desse site. Depois de muitos anos de estudo comprometido, essa legítima concurseira carioca vem obtendo bons resultados nos mais diversos processos seletivos. Atualmente, aguarda a nomeação para alguns cargos, mas continua estudando para concursos públicos.

Os autores desse livro fazem parte da equipe de articulistas do blog
Concurseiro Solitário.

www.concurseirosolitario.com.br

Sumário

PARTE 1
CONCURSO É PARA MIM?

1. Por que estudar para concursos? 5
2. Devo sonhar mesmo com uma carreira pública ou devo tratar isso como "apenas um projeto"? 8
3. É possível que uma pessoa que nunca conseguiu se sair muito bem na vida acadêmica consiga passar em concursos públicos?.. 10
4. Tenho grande problema com disciplina de horários, organização, uso de métodos de estudo. Vale a pena tentar concursos públicos, mesmo assim? 11
5. Quanto tempo posso levar para passar em um concurso público? 12
6. Por que é tão difícil passar em um concurso público? 14
7. E como fica minha vocação?... 16
8. Meu grande sonho é ser juiz, mas dizem que eu nunca vou conseguir. As pessoas falam que é coisa para gente rica, que é para quem conhece gente do meio ou que eu não sou inteligente o suficiente para conseguir chegar lá. É assim mesmo? 17
9. Estudar para concursos públicos durante a faculdade me auxilia em algo? 19
10. Fazer faculdade de direito primeiro ou começar a estudar para concursos depois de concluir a faculdade? 20

11 Após a formatura, qual a melhor opção para o início dos estudos? Pós-graduação ou curso preparatório para concursos? 22

12 Sou tecnólogo na área de Informática. Posso prestar concursos que exijam nível superior? 23

13 Estou desempregado(a) e com restrições nos bancos de dados das associações de restrição ao crédito. Isso me impede de ser servidor público? 24

14 Sou portador de necessidades especiais (PNE), posso me inscrever em concursos públicos? 26

15 Sou deficiente físico. Posso concorrer a uma vaga nas forças armadas? 31

16 Tenho 17 anos de idade. Posso fazer concursos públicos? Posso tomar posse do Cargo? 32

17 Estou grávida. Posso prestar concurso público? 34

18 Tenho tatuagem e desejo concorrer a um cargo público. Isso me traria algum impedimento? 36

PARTE 2
COMO FUNCIONAM OS CONCURSOS PÚBLICOS?

19 O que é uma organizadora de concursos públicos? Por que preciso conhecer suas características? 39

20 Como conseguir a isenção da taxa de inscrição em concursos públicos? 41

21 Qual é o prazo de validade de um concurso público? 43

22 Qual a diferença entre nomeação, posse e exercício? 45

23 O que significa investidura? 46

24 A Administração Pública tem a obrigação de nomear todos os candidatos aprovados em concursos públicos? 47

25	Em quanto tempo os aprovados em concursos públicos deverão ser chamados para tomar posse?.................................	48
26	Em geral, é mais fácil passar em um concurso de nível médio ou de nível superior?..	49
27	Vale a pena prestar concurso para cadastro de reserva?.............	51
28	Vale a pena prestar concurso para emprego temporário? E depois, como é que eu fico?..	52
29	Por que devo me submeter aos exames médicos antes da posse?..	53
30	Preciso pagar do meu próprio bolso pelos exames médicos exigidos para tomar posse de um cargo ou emprego público?......	54
31	O órgão ou entidade para o qual eu fui aprovado em concurso público pode impedir a minha posse caso eu não seja aprovado no exame físico ou mental? Não tenho direito líquido e certo? ...	56
32	Quais são os títulos geralmente aceitos para a prova de títulos? Como terei certeza de que eles serão aproveitados?	57
33	Como comprovar a prática jurídica nos concursos de magistratura, ministério público, defensorias públicas e outros que exigem esse pré-requisito?	59
34	Empregado celetista tem os mesmos direitos do estatutário? Afinal ambos são servidores públicos...	61
35	Quais as especificidades dos concursos públicos para cargos provenientes dos Tribunais?..	63
36	É melhor focar em apenas um concurso público ou prestar vários para aumentar as chances de passar?	64
37	Prestei um concurso público e acertei o número mínimo de questões previsto no edital, isso significa que passei no concurso e serei chamado para tomar posse do cargo?	66
38	Perdi minha carteira de identidade. E agora, como vou fazer a prova?...	67

39	Não tenho todos os documentos exigidos para tomar posse de um cargo ou emprego público, o que devo fazer? 69
40	Fui aprovado em um concurso público de nível superior que exige curso de formação, mas o meu diploma ainda não foi expedido. Eles podem recusar minha matrícula no curso de formação?... 71
41	Penso em prestar concurso jurídico, mas estou no último semestre da faculdade de Direito e temo não poder apresentar meu diploma a tempo de assumir a vaga, caso eu passe. Como devo proceder, se eu for aprovado?... 72
42	Estou empregado e acabei de saber que passei em um concurso público. Devo pedir demissão imediatamente? 74
43	Sou recém-formado em Direito, passei com grande dificuldade no exame da OAB, mas quero seguir a carreira pública. É verdade que não poderei usar minha OAB para advogar, nem que seja em causa própria, se eu for investido em cargo público permanente? 76
44	Posso escolher o lugar onde quero trabalhar como servidor público? 78
45	Posso escolher o lugar onde quero servir como militar de carreira? E se me mandarem para longe da minha família, o que faço? 80

PARTE 3
POR ONDE COMEÇAR?

46	Como se deve começar a estudar para concursos?..................... 83
47	Qual a importância de ler o edital do concurso e quais os principais pontos que devo observar?.. 85
48	Concurso é prática do dia a dia ou é estudar um pouco e fazer as questões na hora da prova?.. 89

49	Devo pedir demissão do meu emprego para estudar em tempo integral para concursos públicos?	91
50	Vale a pena pegar dinheiro emprestado para poder estudar e fazer provas de concursos públicos?	92
51	Faz muito tempo que parei de estudar, como fazer para acostumar-me a estudar para concursos públicos?	94
52	Sou muito atarefado e não tenho tempo para estudar adequadamente. Como produzir tempo para estudar?	96
53	Eu trabalho, tenho filhos e sou casado(a). São muitas responsabilidades para dar conta. Como ter paz para estudar para concursos?	98
54	Fazer estágio para o cargo que almejo auxilia em meus estudos?	100
55	Quero passar em um concurso jurídico, mas detesto estudar Direito Administrativo: é muito chato, cheio de regrinhas... Vale a pena?	101
56	Ouvi falar que só dá para passar se ler o livro X, se estudar no cursinho Y. É assim mesmo?	103
57	Como estabelecer um foco de estudo?	104
58	Estudar para concurso público sem edital na praça, por que é tão difícil?	105
59	Como fazer o planejamento de estudo depois da publicação do edital?	107
60	Como organizar uma grade de horários de estudo sem prejudicar a qualidade de vida?	109
61	É possível passar em concursos públicos estudando sozinho?	111
62	Vale a pena investir na compra de livros para concursos públicos mesmo sendo mais caros que apostilas?	113
63	Vale a pena investir na compra de cursos online, audioaulas e videoaulas?	115

64	Não tenho condição de comprar um vade-mécum para acompanhar as leis, ele é muito caro. Existe algum meio de ler legislação atualizada?..	116
65	Qual a importância da prática de exercícios físicos no contexto da preparação para concursos públicos?.......................	117
66	Como estudar as matérias jurídicas?..	118
67	Como estudar a legislação "seca"?..	119
68	Como fazer exercícios jurídicos?...	120
69	Como estudar redação?...	121
70	O que é melhor: estudar de madrugada ou de dia?................	123

PARTE 4
COMO MELHORAR MEU DESEMPENHO NOS ESTUDOS E NAS PROVAS?

71	Estudo muito, mas não estou vendo os resultados quando faço as provas dos concursos. O que eu poderia fazer para perceber onde estou errando?...	127
72	Devo descansar ou estudar nos dias que antecedem uma prova de concurso público?...	129
73	Como fazer um roteiro bem planejado para a hora da prova?....	130
74	Não sei a resposta da questão. Devo "chutar" a questão ou deixo em branco?..	133
75	É possível melhorar meu ambiente de estudo?.......................	134
76	Por mais que eu tente, não consigo me concentrar nos estudos. Existe alguma técnica para melhorar isso?................	135
77	Estudo muito, porém não consigo lembrar nada, e minha memória é péssima. Como faço para melhorá-la e lembrar-me de tudo que estudei?...	137

78	Estudo várias horas em um dia e passo outros sem sequer pegar no material. Por que razão isso acontece comigo?	139
79	Só consigo estudar escrevendo e, com isso, perco muito tempo. Há algo de errado comigo?	140
80	Como devo fazer para poder estudar 12 horas por dia como dizem fazer muitos concurseiros em fóruns e comunidades sobre concursos públicos e também em cursinhos?	141
81	Não consigo ajudar meus colegas do cursinho porque sempre acho que eles são meus concorrentes. Estou certo em fazer isso?	143
82	Vejo muita gente falar que estuda em grupo. Como isso funciona e como faço para formar um grupo de estudos?	144
83	Eu vejo tanta gente oferecendo material grátis ou resumo gratuito na internet, que fico tentado a usar. Só que eu ainda não passei no concurso dos meus sonhos. Será que o material tem problemas?	146
84	Que espécies de lazer contribuem para a rotina de estudos e como conciliá-las?	147

PARTE 5
ACHO QUE NÃO VOU CONSEGUIR... SERÁ QUE CONCURSO É MESMO PARA MIM?

85	Como otimizar minhas qualidades pessoais positivas no estudo?	151
86	De que forma meus pensamentos podem me ajudar ou atrapalhar para que eu consiga aprovação em um concurso público?	152
87	Sinceramente, não consigo acreditar que posso passar em um concurso público. Como desenvolver minha autoconfiança para mudar essa mentalidade e alcançar meu objetivo?	154

88	Como evitar a inveja de ver outros concurseiros irem melhor que você nos concursos públicos prestados?.................	156
89	Não passei. Acho que não vou conseguir. Será que devo desistir?...	157
90	Sempre fui bem nas provas de vestibulares, mas não consigo uma boa classificação nos concursos. Já estou até questionando minha própria capacidade intelectual. Será que é isso mesmo, burrice?!................................	159
91	Sou formado em veterinária, mas estou tentando concurso para técnico judiciário, técnico bancário e o que mais vier. Só que eu não consigo nunca passar. O que há de errado comigo?...	160
92	Eu não aguento mais esperar pelos resultados dos meus estudos. Demora demais! Estou abrindo mão da minha vida, da convivência com os meus amigos e familiares. Estou infeliz. Como reverter isso?...	161
93	Desde que não passei no último concurso dos meus sonhos, eu só choro, durmo e não consigo voltar a estudar. Acho que estou deprimido(a) por causa de tanta frustração. O que devo fazer?..	163
94	É normal ter vontade de jogar tudo para o alto e desistir dessa história de passar em concursos públicos?..................	165
95	Toda vez que sai a concorrência de um concurso público eu penso em desistir. Tem muita gente! Como posso evitar esse tipo de efeito negativo?...	166
96	Quero encontrar motivação, mas vivo num contexto familiar difícil, num lugar em que parece que nada vai para frente. Como resolver esse problema?..	168
97	Vivo sob intensa pressão familiar e também dos amigos que me cobram diariamente uma aprovação no concurso público. Por essa razão, penso em desistir. Como fazer para lidar com isso?...	170

98	Tenho um grande problema com a minha motivação, não tenho forças suficientes para sair da minha "zona de conforto". O que fazer?	172
99	Meus familiares, meus amigos e namorado(a) não aceitam que eu fique tanto tempo ausente estudando. O que eu devo fazer?	173
100	Tenho muito medo de passar e depois ficar arrependido de ter feito prova para aquele cargo que eu escolhi. O que fazer?	174

E agora, o que fazer? 177

Como e por que ler este livro

> "Nossas dúvidas são traidoras e nos fazem perder o que, com frequência, poderíamos ganhar, por simples medo de arriscar."
>
> *William Shakespeare*

Não são poucas as pessoas inteligentes, dedicadas e merecedoras de integrar as fileiras da Administração Pública que desistiram do sonho de se tornar servidores públicos porque foram traídas por suas dúvidas sobre concursos públicos, vítimas da falta de respostas claras e honestas.

Por conta de dúvidas não sanadas, essas pessoas foram, são e serão vítimas inocentes de situações que muitas vezes poderiam ser facilmente contornadas, de problemas cuja solução não é aparente nem oferecida de graça, mas se encontra em meio às respostas que nunca receberam.

Infelizmente, são poucos os concurseiros e ex-concurseiros, professores e autores que se dispõem a responder a essas dúvidas de forma clara, direta, simples e completa. Por que não o fazem? Geralmente por falta de tempo, de paciência ou disposição, pois se esquecem de que respondendo também se aprende, e que todos já fomos, um dia, cheios de dúvidas e desconhecedores das respostas que o tempo e a experiência tornam triviais.

Nós, colunistas do blog Concurseiro Solitário, arrumamos tempo, dispomos de paciência e capitalizamos nossa disposição a fim de oferecer para vocês essa que é a primeira coletânea de perguntas gerais e muito mais comuns do que vocês imaginam sobre concursos públicos. Não somente reunimos tais perguntas como também as respondemos de forma clara, prática e completa, como todas as perguntas desse tipo deveriam ser respondidas, e como gostaríamos que alguém nos tivesse respondido um dia.

Ao ler este livro você não apenas vai tirar as dúvidas que já tem sobre concursos públicos, como também evitará aquelas dúvidas que, normalmente, teria daqui a algumas semanas ou meses. Ou seja, além de solucionadora, esta obra também é preventiva.

O texto está dividido por temas e, para tornar a leitura mais interessante, dispomos entre as perguntas uma série de "curiosidades concurseiras" divertidas e curiosas.

Por fim, a editora Campus/Elsevier preparou um *hotsite* especial para este livro, para o qual você poderá enviar qualquer dúvida sobre concursos públicos e nós, os autores, responderemos em pouco tempo. É uma verdadeira "linha direta concurseira" exclusiva para quem adquiriu esta obra, visto que é necessário utilizar o código PIN disponível na última página.

Boa leitura e chega de dúvidas sobre concursos públicos!

PARTE 1
CONCURSO É PARA MIM?

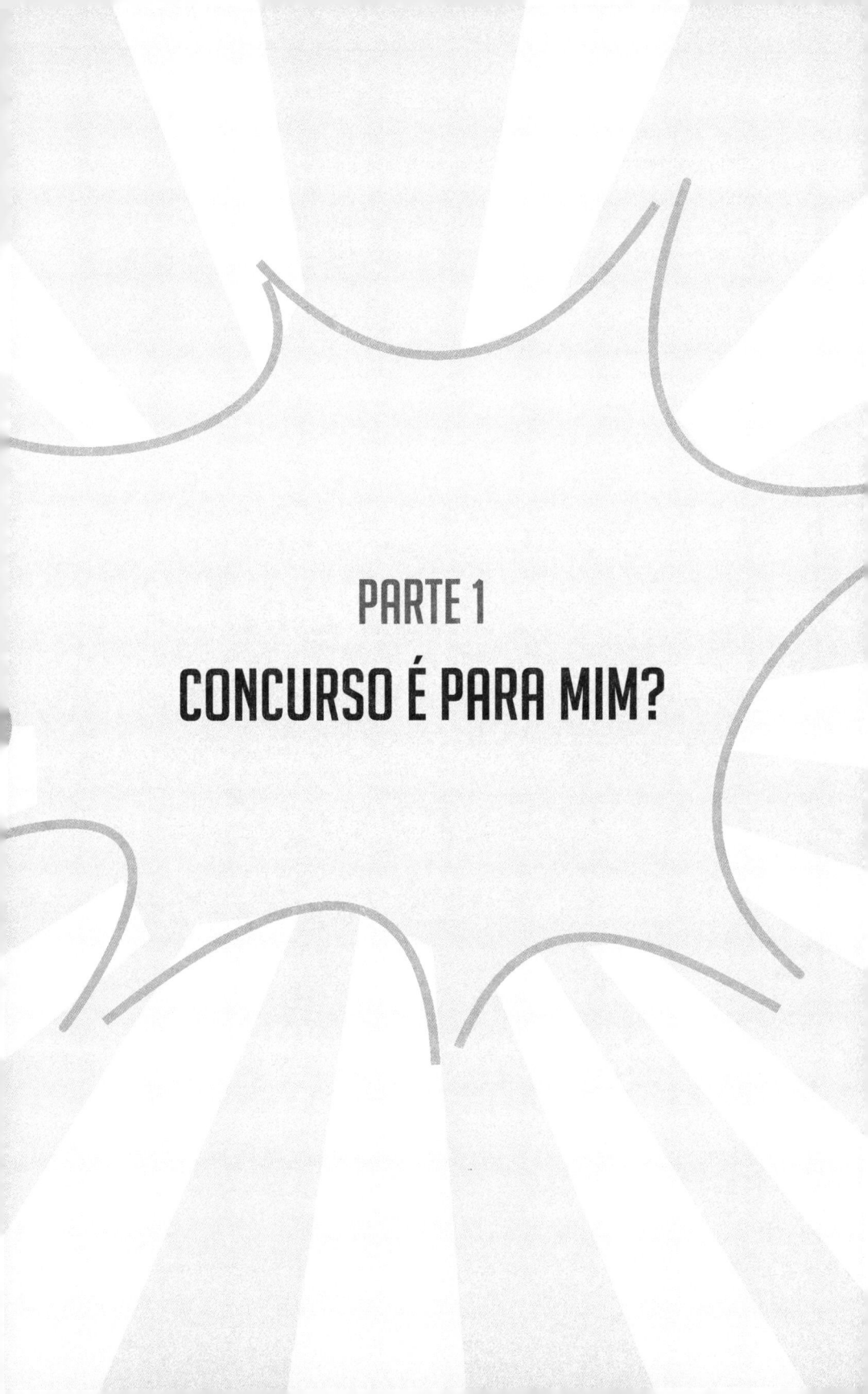

1 Por que estudar para concursos?

Parece uma pergunta óbvia, mas muita gente se questiona antes de adentrar por esse projeto tão ambicioso. Afinal, ouve-se muito falar naquele fulano que ficou amarelo porque não pega mais sol e só fica dentro de casa estudando. Fala-se daquela beltrana que estuda há anos e só passa depois de muito tentar nos concursos.

Ouve-se também falar que concursos são para gente muito abastada e que não precisa trabalhar. Escuta-se que os processos seletivos não são confiáveis e que somente são aprovadas pessoas "escolhidas".

As razões que levam as pessoas a estudarem para concursos são diversas. As mais comuns são as seguintes:

- Vocação para uma determinada carreira. Há pessoas que sonham em seguir a carreira de juiz, promotor, defensor, militar, diplomata, bombeiro, agente de polícia etc. Como para alcançar esse sonho é necessário prestar concursos, essas pessoas partem para esse caminho.
- Busca por estabilidade. A iniciativa privada tem sido marcada pela volatilidade. Apesar de não exigir muitos prerrequisitos formais para as contratações, como o setor público requer, a demissão imotivada acontece muito facilmente. Basta ocorrer uma crise econômica, uma diminuição das margens de lucro das empresas, uma mudança de perfil da corporação ou do próprio mercado para o desemprego surgir na vida de muitos trabalhadores.

  Quem tem emprego vive com o constante receio de perdê-lo de uma hora para a outra. As empresas passam por reestruturações, cortes de gastos e o empregado fica vulnerável a essas intempéries. Isso dificilmente acontece no setor público, em que há a instituição constitucional da estabilidade. Segundo tal preceito jurídico, acolhido no art. 42 da Constituição Federal de 1988, após três anos de efetivo serviço prestado ao ente público, a demissão só acontecerá exclusivamente nas hipóteses previstas na Constituição Federal. Por isso, a carreira pública revela-se atrativa para muitos profissionais.
- Segurança no momento da admissão. Quem está desempregado e quer um emprego passa por um sem-número de filtros nos processos seletivos. Muitas vezes, a escolha de quem será admitido é permeada de

subjetividade. Isso quando se consegue chegar a participar de uma seleção! Afinal, não podemos deixar de mencionar que muitos daqueles que passaram dos 40 ou dos 50 anos sequer conseguem se encaixar no perfil de uma vaga. Essas pessoas ficam de fora de algumas oportunidades de emprego.

Há outros casos em que a iniciativa privada pede que o profissional tenha alguns anos de experiência e existem casos em que se limita o tempo de formado. Tudo isso é muito excludente, deixando muita gente sem poder concorrer a um emprego.

Por outro lado, nas seleções públicas não há subjetividade, pois as qualificações profissionais são avaliadas por um concurso de provas ou provas e títulos. Isso confere muito maior segurança para quem deseja trabalhar, pois é muito democrático. Gente de qualquer idade, classe social, de qualquer cor de pele, de qualquer aparência tem vez nos concursos públicos. Até os portadores de necessidades especiais são lembrados nesse momento!

- Busca por um salário melhor. Hoje, na iniciativa privada, as exigências diante do profissional do século XXI crescem de forma inversamente proporcional aos salários oferecidos. Assim, alguém com pós-graduação, poliglota, superatualizado e com diversos cursos no currículo nem sempre tem o salário que permite construir sonhos. Isso porque há oferta enorme de profissionais, mas poucas vagas na iniciativa privada. Esse abismo com certeza não acontece no setor público. Um profissional bem qualificado, geralmente, é "premiado" com adicionais, gratificações que servem como um belo incentivo ao aprimoramento pessoal.

- Busca por respeito aos direitos trabalhistas. No setor privado, há uma grande tendência à flexibilização da legislação do trabalho. Trocando em miúdos, isso representa o despojamento e a mitigação de diversos direitos trabalhistas, situação a que o trabalhador tem que se submeter para conseguir se manter no mercado. É muito frequente ver pessoas trabalharem mais de 12 horas por dia, não terem fins de semana, não verem seu FGTS recolhido. Mais comum ainda é ver pessoas da área de tecnologia da informação obrigadas a trabalhar como prestadores de serviços na qualidade de pessoa jurídica para se manterem no mercado. Muitas vezes, trabalha-se uma carga horária incompatível com uma vida saudável e tem-se pouco tempo para usufruir o salário duramente conquistado. Isso é justamente o que não ocorre no setor público! Na maioria das vezes, a carga horária é racional e os salários são ótimos, o que possibilita ter planos futuros.

Diante de tantas razões, vale a pena pesquisar a respeito de como se começa a estudar para concursos. O processo é longo, mas os resultados, como se pode ver, são valiosos.

⮕ O primeiro concurso público do mundo foi realizado na China.

A civilização chinesa foi a primeira a instituir o concurso público com o intuito de obter funcionários realmente capazes, com capacidade intelectual e caráter, em contraposição à prática comum de tantas outras sociedades: funcionários públicos eram, geralmente, filhos de famílias ricas.

2 | Devo sonhar mesmo com uma carreira pública ou devo tratar isso como "apenas um projeto"?

Nem sonho, nem projeto e, se bobear, nem meta!

Quem é você? Como você vai contribuir para o mundo? Qual a sua conexão com as pessoas? O que é que lhe satisfaz? O que lhe dá orgulho? O que gostaria de realizar para um bem maior seu e de quem você ama?

No momento em que você se faz essas perguntas e começa a obter respostas, se o concurso público for um dos seus caminhos ele virá até você e você não fará força para alcançá-lo.

O interessante é que vivemos uma vida de projetos que nunca se concluem: estamos sempre no estágio do projeto e nunca saímos dele! Isso é o que causa mais angústia na maioria de nós. O insucesso acaba nos batendo à porta porque ficamos nessa zona do "sonho" ou do "projeto". E o chato disso é que o projeto nunca se projeta de fato.

O primeiro passo é o mais importante. Primeiro passo em um caminho que não existe, pois esse caminho é você quem trilhará e ninguém fará por você. Por isso a ideia de projeto é tão ruim, pois etimologicamente projeto vem do latim, *proiectus*, e do verbo *projicere*, que significa "lançar para diante". Isso é postergar as coisas que podem ser feitas agora. Podemos criar metas, isso sim, pois as metas exigem que nós façamos algo agora para dar início ao processo de se chegar até elas num futuro programado.

É muito comum as pessoas terem dificuldade de começar e terminar coisas, pois elas possuem muitos talentos e isso as atrapalha de inúmeras maneiras. Traçar minimetas ajuda na continuidade de determinada tarefa, evitando que se fique parado por um tempo, deixando, assim, mais na frente, de completar algo. Sempre ficam coisas para trás e isso nos dá a sensação terrível de incompetência, a falta de uma completude de vida que leva à eterna insatisfação. Isso só piora tudo, pois essa insatisfação já não está mais vinculada somente às coisas que fazemos, mas começa a ficar mais consciente, e, por fim, percebemos que estamos insatisfeitos conosco, que nós somos o corpo estranho em nossas próprias vidas e desejamos por fim nos expulsar de nós mesmos, como se fôssemos uma bactéria num organismo.

Desse modo começam as fugas. Não queremos mais enfrentar nossos projetos, pois nos achamos incapazes de concluí-los. E de certa forma somos todos incapazes de concluir qualquer projeto, já que ele cai no conceito de "lançar para diante", e isso causa a sensação de, quando você começar a fazê-lo realmente, ele parecerá cada vez mais distante. O que faz muito sentido, pois ele ainda é chamado de projeto, mesmo em seus momentos finais.

Pense bem nisso. Veja se, de fato, toda vez que você começa um projeto de vida, uma meta qualquer, você percebe que ela não está sendo concretizada e seu objetivo ainda está distante. Muitas vezes a rotina te expulsa do jogo. Você se desanima e começa a refletir se aquilo tudo é mesmo para você. As dúvidas começam a saltitar na sua frente feito alegres crianças em um pula-pula, e você não sabe como fazê-las parar de pular, por mais que você grite.

O foco na sua ação presente, nunca futura e tampouco passada, é o que vai determinar o seu futuro. E quando esse futuro chegar, ele se tornará presente novamente. Lembre-se que o futuro é algo completamente inventado. Ele não existe, e é exatamente por isso que você e todos nós precisamos nos focar no presente, pois ele é existencialmente, essencialmente, poderíamos dizer, real.

É a partir dessa realidade presente que você começa a construir sua vida, suas metas, seu modo de pensar e agir. Daí a necessidade de trazer mais e mais ações para o presente, e evitar ao máximo a projeção no futuro, pois ele vem muito carregado de dúvidas, medos e angústias. O passado tem as mesmas propriedades, com a diferença que não há mais nada que se possa fazer para mudar o que passou, mas sim ressignificar o que aconteceu e, por meio disso, reinventar o que foi feito anteriormente.

Concurseiro, concursando, concursado.

> O **concurseiro** ou **concursando** é aquele estudante que se prepara para concorrer às vagas de trabalho no serviço público, em concursos realizados nas esferas federal, estadual e/ou municipal. O **concursado**, por sua vez, é aquele que já se encontra empossado em um cargo público.

3 | É possível que uma pessoa que nunca conseguiu se sair muito bem na vida acadêmica consiga passar em concursos públicos?

Costuma-se dizer que só pessoas inteligentes passam em concursos públicos. Concordamos plenamente com essa afirmativa, mas de forma totalmente diferente desta apresentada. Mas, afinal, o que é uma pessoa inteligente?

Uma pessoa inteligente é aquela pessoa que sabe o que quer e fará tudo o que estiver ao seu alcance para atingir o seu objetivo. Logo, ser inteligente é utilizar todos os seus recursos disponíveis: se precisar comprar um livro para passar em um concurso, comprará; se precisar estudar bem cedinho antes do trabalho, estudará; se for preciso escolher entre uma festa e ficar em casa fazendo revisão daquela matéria difícil, escolherá a revisão; se tiver que dividir o tempo do almoço, uma parte para comer e outra parte para estudar, fará isso feliz da vida!

Ser inteligente é ter atitudes inteligentes. Se você nunca foi "um gênio" na sua vida acadêmica, talvez você tenha escolhido não ser esse gênio. Talvez tenha escolhido faltar a uma aula para poder sair com os amigos, não é mesmo? O problema normalmente está nas nossas escolhas.

Mas advertimos: para passar em concursos públicos é preciso ter atitudes inteligentes. Será necessário muito esforço e dedicação. Muitas horas de estudo de teoria e resolução de exercícios. É preciso ser persistente e ter muita paciência, pois, salvos raríssimos casos, você será reprovado em alguns concursos. Mas não se preocupe! Ser reprovado é normal. Qualquer um que já foi aprovado em um concurso, certamente, sentiu o gostinho de algumas reprovações.

É exatamente como diz o Dr. William Douglas em seus livros e palestras sobre concursos públicos: "Qualquer um consegue, mais cedo ou mais tarde, mas tem que se pagar o preço."

Então, caro amigo, passar em concursos depende muito de você! Do seu empenho, da sua motivação, do seu suor, da sua determinação. Acredite! É possível, mas é preciso pagar o preço!

4. Tenho grande problema com disciplina de horários, organização, uso de métodos de estudo. Vale a pena tentar concursos públicos, mesmo assim?

Concurso é superação. A pessoa é treinada a todo tempo para não apenas fazer uma prova, mas sim estar apta a encarar uma vida de servidor público, a qual está longe de ser a "moleza" que muitos afirmam por aí, sem conhecimento de causa. O benefício de se estar engajado na luta por um cargo público é que existem transformações pessoais, e elas são *progressivas* e *irreversíveis*. O candidato que se empenha de verdade e estuda com afinco, procurando detectar suas falhas e melhorar suas técnicas, sempre visando um bom resultado, está se adequando a novos desafios, a conquistar um patamar melhor de vida, e a uma carreira que exigirá dele especialização e eficiência.

Há pessoas que, por histórico de vida ou até mesmo familiar, tendem mais à preguiça, à procrastinação ou a não se preocuparem tanto com horários e rigidez de organização. Muitos foram, inclusive, treinados desde a infância a fazerem as coisas de qualquer jeito, e que não é necessário se preocupar, pois "o resultado aparece". Outros tiveram uma educação deficiente, na qual não se respeitaram limites, tampouco se buscava estimular novas conquistas ou desafios que exigem dedicação e disciplina.

Os motivos são muitos, mas a boa notícia é que todas essas deficiências pessoais podem ser superadas quando o concurseiro cumpre com uma recomendação: **apenas comece.** No princípio tudo pode ser difícil, doloroso, cansativo, mas os frutos certamente vêm por causa da perseverança. Se o problema é disciplina de uso do tempo, um quadro de programação semanal de horários pode ajudar na boa administração desse recurso tão limitado. Se a dificuldade está no uso de métodos de estudo, vale verificar no dia a dia se eles podem ser aplicados e se irão trazer o almejado sucesso.

Quem estiver munido desses pensamentos pode ter a certeza de que vale a pena prestar concursos públicos. Para tanto, o candidato precisa se enquadrar em mudanças substanciais na sua vida, relativas à dedicação, disciplina e planejamento, e não ter medo de dar o primeiro passo.

5 | Quanto tempo posso levar para passar em um concurso público?

O tempo, embora relativo, é algo que flui e não volta. Oportunidades não podem ser desperdiçadas, e por isso o concurseiro precisa afastar de si a ideia equivocada de que ele terá "tempo suficiente" para investir no preparo e, consequentemente, ser aprovado em qualquer concurso que seja de seu interesse. Uma vez que não podemos prever o futuro, não sabemos se o tempo que ingenuamente julgamos estar sob nosso controle será, de fato, usufruído da forma que imaginamos.

Assim, o concurseiro prudente precisa analisar duas coisas: uma é que **não existe um "tempo ideal" de aprovação**; a outra é que ele **não pode perder seu precioso tempo** com algo supérfluo e que não colabore com o seu investimento por uma carreira melhor. A aprovação virá para quem for persistente, e esta pode demorar meses ou até muitos anos. Para verificar, entretanto, se está indo na rota correta para a investidura, o concurseiro sério precisa refletir sobre algumas perguntas:

- Como tenho usado os meus recursos, especialmente meu tempo disponível?
- Tenho estudado com coerência, munindo-me de um bom material e de técnicas apropriadas de retenção do conteúdo, memorização e prática de exercícios?
- Tenho procurado avaliar meu próprio desempenho, periodicamente?
- Tenho procurado afastar deflagradores de um mau desempenho, como problemas de saúde, de relacionamentos próximos ou de falta de disciplina?
- Será que estou sendo objetivo no meu preparo e emprego de forças, ou estou "atirando para todos os lados"?
- Como tenho lidado com as cobranças, internas ou externas, em relação a mim? Será que estou mais propenso a buscar a satisfação alheia com o meu resultado do que a minha própria?
- Que ânimo, esperança e convicção eu tenho exercido para me preparar convenientemente e nunca perder a convicção de que um dia vou conseguir a tão esperada aprovação e investidura em cargo público?

Constata-se que o grande problema de muitos concurseiros continua a ser a "pressa". O ser humano, de fato, é imediatista por natureza, quer tudo para "ontem", e por vezes coloca no concurso público a única esperança de ver todos os seus problemas resolvidos, sobretudo os financeiros. Isso o prejudica, e muito, pois o foco na pressa impede que a pessoa se prepare com responsabilidade e respeito a si mesma. Como se não bastasse, é necessário enxergar a realidade de que **passar em um concurso é um feito para se realizar em médio ou longo prazo**. A sugestão que damos é tirar o foco da pressa e canalizá-lo ao esforço por se preparar bem para as provas: a chegada de bons resultados é o resultado de todo esse processo.

➲ **"Água mole em pedra dura, tanto bate até que fura."**

Estudar para concursos públicos não é algo fácil e muito menos rápido. Não pense que em seis meses é possível dominar o vasto rol de matérias que precisam ser aprendidas e exercitadas a fim de se conseguir boas classificações em concursos públicos e, consequentemente, ser empossado nos cargos que se almeja.

Estudar para concursos públicos é antes de qualquer coisa persistência, ou seja, continuar firme e constante nos estudos, a fim de conquistar um cargo ou uma função na Administração Pública.

Devemos ser como a água que, após tanto fustigar a pedra, acaba por dissolvê-la, fragmentá-la, a ponto de criar um buraco em um bloco maciço de rocha. Claro que a pedra é mais forte que a água em termos de consistência, porém a força desta reside em sua constância, persistência, em sua fluidez e adaptabilidade. Assim também deve ser o concurseiro sério.

6 | Por que é tão difícil passar em um concurso público?

Qualquer coisa que queremos na vida, dotada de valor e significado perenes, exige esforço. Isso já seria suficiente para justificar a dificuldade de se passar em um concurso público, forma de emprego cada vez mais procurada por razões das mais diversas, como estabilidade, boa remuneração, plano de carreira e outros benefícios depreendidos do exercício do cargo.

Faltaria espaço para descrever problemas econômicos, sociais e políticos que, por vezes, fazem cada vez mais pessoas procurarem a carreira pública como uma "tábua de salvação" para sua própria condição, diante da sociedade ou de sua família. Ultimamente notam-se cada vez mais candidatos concorrentes, materiais de estudo, cursos preparatórios e, também, oportunidades de ingresso, bem como o aumento do nível de conhecimento exigido pelos certames. O Poder Público tem crescido suas atividades, e isso requer servidores: sempre são divulgadas vagas em editais, aos milhares. Com todo esse crescimento, é preciso refletir sobre a realidade: se há muita gente entrando no serviço público, o problema estaria *realmente* no aumento da demanda, da concorrência, da complexidade dos exames, ou residiria nas limitações do próprio candidato que ainda não conquistou sua vaga?

Sempre sustentamos que, em maior ou menor escala, **concurso é superação**. O concurseiro aprende, desde cedo, que ele precisa se enquadrar a determinadas exigências para conquistar a vaga almejada. Isso implica vencer as próprias dificuldades. Uns são mais regrados; outros, apenas mais atentos. Uns são mais displicentes no preparo; outros, de modo pior, não gostam de estudar, mas precisam de uma solução para a falta de emprego.

Com o passar do tempo, o concurseiro aprende que, **para ganhar, é necessário perder**. Perdem-se horas de lazer, de convívio com pessoas queridas, de chances de ter um lazer mais prolongado, ou de supostas "vantagens" que conhecidos já têm ao estarem empregados em funções que pagam pouco e satisfazem apenas as necessidades básicas do indivíduo, quando muito. Também perde com as derrotas impostas em provas, e precisa "ressurgir das cinzas" da frustração e recomeçar, tantas vezes quantas forem necessárias até atingir seu objetivo. O concurseiro também é alguém que se reinventa: em todo momento faz revisões sobre seu preparo, vê quais técnicas de estudo merecem ser aplicadas e quais precisam ser definitivamente descartadas, com vistas a melhores resultados. Ele vê que precisa vencer a procrastinação, o fastio, a preguiça, o desejo incessante de lazer, a pressa por resultados imediatos, a falta de compromisso e as críticas de quem não é dotado de compreensão, solidariedade ou até de bom-senso. Ele aprende, por fim, que toda essa luta tem sua compensação, pois é possível passar e realizar o projeto de se tornar servidor.

    Passar em concurso pode ser difícil; pior ainda é encarar a vergonha de não ter tentado uma guinada na própria vida e se contentar com o que a maioria supõe ser o melhor caminho. Somente o esforço conduz a um bom resultado, em qualquer aspecto da vida.

7 | E como fica minha vocação?

Muitas pessoas que estudam para concursos públicos não questionam o que deveria ser o quesito mais relevante nesse contexto: a própria vocação pessoal.

Isso porque é tão sedutor pensar que nossa aprovação pode nos render um trabalho honrado com bons rendimentos e benefícios, que o debate acerca da missão particular de cada um em determinado órgão ou instituição fica em outro plano: o do esquecimento.

Mas e se o candidato **não** se adaptar ao serviço realizado? E, principalmente: se ele **não for feliz realizando** o ofício, ainda que este assegure ótimos rendimentos?

Já pensaram na quantidade de servidores públicos que não dão a mínima para o que fazem? Que realizam seus ofícios de maneira carregada, como se estivessem esperando o mês passar para receberem o que lhes convêm e aguardando o momento de suas aposentadorias?

Você gostaria de ser assim?

Queremos fazer a diferença nesse "mundão de Deus" e, com nosso ofício, mudar um pouco dessa sociedade que tanto precisa de bons servidores públicos. Auxiliar, da maneira que nos couber, a prestigiar a instituição em que trabalharemos para que, por meio da nossa postura, suas funções constitucionais ou legais sejam bem cumpridas. E, de quebra, receber os rendimentos merecidos e dignos e com eles poder realizar outros sonhos e projetos pessoais.

Uma das melhores características do concurso público é que nós, concurseiros, podemos escolher o cargo para o qual queremos concorrer. Podemos ler, nos editais, as atribuições de cada função e perguntar a nós mesmos se podemos e queremos assumir as responsabilidades ali preceituadas.

Não se trata de demagogia, mas de responsabilidade por nossos próprios atos e seus reflexos. Leia a respeito das instituições e saiba sobre suas funções. Converse com pessoas que detenham o cargo que você quer possuir e faça perguntas (antigamente poderíamos pensar que se encontrariam pessoas fechadas e indispostas a conversar, mas hoje percebemos que os novos servidores estão bem dispostos e adoram falar sobre isso – ajudar os que ainda não passaram. Devemos nos lembrar disso quando estivermos lá). Sejam aprovados. Curtam os rendimentos merecidos de um cargo que você ama.

8

> Meu grande sonho é ser juiz, mas dizem que eu nunca vou conseguir. As pessoas falam que é coisa para gente rica, que é para quem conhece gente do meio ou que eu não sou inteligente o suficiente para conseguir chegar lá. É assim mesmo?

Quando se fala em concursos, sempre há alguém que gosta de sentenciar sua opinião. Ainda mais quando se ouve tanto falar no "boom" dos concursos, ou seja, o movimento atual que tem feito muita gente virar concurseira. Por outro lado, muitos desses comentários são de leigos que sequer entendem do tema. Muitas vezes as impressões dessas pessoas são carregadas de desânimo e covardia. Assim, convém ser bastante crítico e seletivo quando se ouve falar sobre isso, não se deixando levar por essas opiniões.

O que importa é avaliar se ser juiz, promotor, defensor, militar etc. vai te realizar como profissional. Não é a dificuldade que deve nortear suas vontades. Afinal, se esse é o seu sonho e não realizá-lo te deixará frustrado, consideramos muito importante batalhar por essa realização. Não importa quanto tempo você levará até conseguir alcançar seu objetivo. Não é relevante quantas vezes você precisará tentar os concursos para o cargo que deseja. O que deve preponderar é a sua vontade de viver a experiência de ser juiz, se esse for o seu caso.

Realmente, o caminho a percorrer até a magistratura não será fácil, mas não se trata de uma impossibilidade. O custo da preparação é alto, mas não é apenas coisa de gente rica. Afinal, ouvimos falar de tantas pessoas de origem humilde que conseguiram, caminhando devagar, conquistar seu espaço nessa belíssima carreira.

O trajeto começa na faculdade. Primeiro, você terá que se graduar em Direito. Depois, precisará exercer a atividade jurídica por três anos. Nesse meio tempo, você poderá prestar exame de ordem para se habilitar como advogado. Poderá, também, prestar algum outro concurso que exija o nível superior em Direito e atuar na área. Segundo a resolução nº 75, de 12 de maio de 2009, há diversas possibilidades de cumprimento de atividade jurídica. Uma delas é atuar no meio acadêmico, como professor(a) universitário.

Se o seu desejo é se aprimorar como profissional, você poderá fazer pós--graduação *lato sensu* ou *stricto sensu*. Além disso, esses cursos podem te ajudar tanto no preparo para as provas, quanto no momento final da prova de títulos.

Vale a pena investir em si mesmo quando estamos tratando de um concurso de diversas etapas como o da magistratura.

Enquanto desenvolve tais atividades, você poderá se preparar adequadamente, por meio da leitura de bons livros jurídicos; aprimorar sua escrita, aprendendo gramática e estudar as matérias humanísticas como sociologia, filosofia do direito e o estatuto da magistratura nacional.

Além disso, durante esse processo você irá amadurecer como profissional, solidificar seus conhecimentos jurídicos e tornar-se um ser humano mais experiente. Afinal, essas regras dos concursos para juízes foram criadas justamente para que o Brasil tenha julgadores imparciais, sérios e incorruptíveis. São características que são aprimoradas ao longo do tempo.

Enfim, o caminho para se percorrer rumo à magistratura pode até ser longo, mas não é impossível. Não é preciso ser rico para isso, basta ter obstinação!

O imperador mongol Kublai Khan (neto do famoso conquistador Gengis Khan) aboliu, ao dominar a China, a tradição do concurso público para seleção de candidatos ao governo.

Isso ocorreu durante a dinastia Yuan (cerca de 1271 d.C.). Com o fim da tradição de se selecionar pessoal para trabalhar na Administração Pública chinesa, os outrora candidatos – vindos, especialmente, de famílias ricas – passaram a buscar alternativas na iniciativa privada. Isso gerou impacto até no conhecimento do chinês clássico, que era cobrado nas provas e passou a ser pouco relevante para a sociedade. O funcionalismo foi todo substituído por mongóis, assim como o imperador, em um clássico exemplo de nepotismo, que gerou ineficiência na Administração, pois muitos deles não sabiam o que fazer nos cargos de confiança. Alguma semelhança com os dias atuais?

9 Estudar para concursos públicos durante a faculdade me auxilia em algo?

Um tema que gera grandes questionamentos por parte dos concurseiros é a possibilidade de se estudar para concursos jurídicos durante a faculdade.

A temática, primeiramente, gira em torno de quando se deve iniciar o estudo para concursos públicos, e a resposta é (sempre): assim que sentir que esse é o caminho a se seguir! Logo, se você cursa a carreira de direito e gostaria de se tornar servidor público para um cargo de nível superior, nada impede que você inicie seus estudos quando quiser, ainda mais considerada a possibilidade de concorrer a cargos de nível médio durante todo o período de faculdade.

Vale lembrar que há pessoas que quando eram universitárias concorreram a cargos de nível superior levando em consideração que aguardariam muito tempo na lista convocatória, e após dois ou três anos foram convocadas, ocasião em que já se encontravam formadas (lembrando que a comprovação de certos requisitos previstos em edital deve ocorrer no momento da posse e não da inscrição).

Assim, passado o primeiro momento de tomada de decisão em estudar para concursos públicos desde logo, o próximo questionamento seria: como estudar não estando ainda formado? Isso porque, eventualmente, os editais podem conter temáticas ainda não versadas na universidade. O que fazer então?

A resposta é: estudar, estudar e estudar.

Podemos comparar a dificuldade de um acadêmico de direito em estudar uma disciplina ainda não versada na universidade a de concurseiros de outras áreas de atuação que igualmente desconhecem várias disciplinas jurídicas. Isso não os impede de estudar tais matérias, impede? E nós, concurseiros formados em direito, somos impedidos de estudar matérias como economia, contabilidade, matemática financeira (entre outras) unicamente por que não viemos de uma formação voltada para elas? É evidente que não.

A beleza dos concursos públicos é justamente essa: a possibilidade igualitária de concorrermos a cargos unicamente por nosso mérito e esforço.

Assim, o acadêmico de direito pode, e deve, encarar as disciplinas ainda não vistas com o mesmo empenho e dedicação que dispensará a outras, tratando de adquirir bons materiais que, o auxiliarão no momento em que, efetivamente, necessitar cursar essas disciplinas durante a faculdade.

10 | Fazer faculdade de direito primeiro ou começar a estudar para concursos depois de concluir a faculdade?

Essa é a dúvida que assombra a grande legião de jovens que está concluindo o ensino médio. Afinal, são pessoas que se veem compelidas a escolher muito precocemente a profissão que irão abraçar. São jovens de 17, 18 anos que, mal saíram da adolescência, já são pressionados a assumir escolhas que repercutirão severamente em suas vidas adultas. Não raramente, essa decisão traz muita angústia.

A resposta para tal pergunta depende do rumo que esse estudante deseja dar à sua vida profissional. Diz-se isso porque não existe uma única resposta correta.

Se essa pessoa nasceu com o dom da fala, da escrita, da persuasão e, acima de tudo, com o gosto pela leitura, a faculdade de direito veste-lhe como uma luva. Além disso, serve-lhe como cabedal de conhecimento robusto para prestar concursos quando o curso de graduação estiver concluído. Por isso, estudar as ciências jurídicas pode ser interessante para realizar aquele sonho de ser promotor de justiça, defensor público, magistrado, delegado, procurador do estado, procurador da fazenda nacional etc.

Ademais, pode-se fazer concursos durante o transcorrer do curso universitário. Há diversos cargos que trazem essa possibilidade, como os de técnico judiciário, por exemplo. Basta ser organizado e batalhador para começar a estudar para esses concursos.

Por outro lado, se o estudante ainda não conhece bem suas potencialidades a fundo, pode ganhar tempo exercendo um belo cargo, dentro de sua escolaridade, na Administração Pública. Isso permite desenvolver senso de responsabilidade, compaixão para com o próximo e, principalmente, ajudar a melhorar nosso país por meio do trabalho. Com isso, caso o jovem queira, em um segundo momento poderá procurar uma faculdade ou um curso técnico com mais calma. Exercer um cargo público pode ajudar a descobrir com mais vagar as habilidades que essa pessoa tem.

Portanto, não existe uma única resposta correta, mas existe aquela mais adequada às necessidades de cada pessoa. Basta ver em qual delas você se encaixa.

⮕ **O Direito não é a carreira que mais abre vagas em todo Brasil nos concursos públicos.**

Pasmem, mas se formos observar diversos jornais especializados em concursos, perceberemos que as carreiras mais solicitadas são para médicos, enfermeiros, professores das mais diversas escolaridades, docentes universitários, arquitetos, arquivólogos, psicólogos, agentes de endemias, motorista, assistente social, nutricionista, entre outras. Basta observar os editais dos mais diversos municípios brasileiros. Por isso, se você não gosta do Direito, pode abraçar outras opções de carreira.

11. Após a formatura, qual a melhor opção para o início dos estudos? Pós-graduação ou curso preparatório para concursos?

Essa dúvida confronta muitos concurseiros logo após a conclusão do curso superior: o que é melhor, fazer uma pós-graduação ou partir para um curso preparatório?

Antes de tomar essa decisão é imperioso que se tenha em mente os objetivos precípuos de cada uma dessas atividades. A pós-graduação, enquanto extensão do curso universitário, visa complementar a formação do bacharelado, atuando com nível de especialização *lato sensu* nas variadas disciplinas e formatos existentes.

Por sua vez, os cursos preparatórios para concursos públicos objetivam a formação do acadêmico para enfrentar, especificamente, os certames, auxiliando na árdua tarefa de estudar para concursos públicos.

Assim, as duas atividades, não obstante igualmente merecedoras de respeito e consideração, se consubstanciam em objetivos diversos, razão pela qual é necessário que se tenha em mente o que você deseja agora.

Interessante é a proposta de cursos preparatórios para concursos públicos com opção de pós-graduação (comumente usada para comprovação de atividade jurídica nos termos do Regulamento Legal a respeito), havendo aulas normais do curso preparatório durante os dias úteis, e aulas de pós-graduação aos finais de semana.

Cabe ao concurseiro sério, e somente a ele, definir quais as metas que deseja alcançar a curto, médio e longo prazo; contudo, é imperioso e determinante que se reconheça que cursar uma pós-graduação logo após a Universidade é uma opção válida no contexto do estudo para concursos públicos, podendo ser utilizada na comprovação de títulos (se o certame contiver essa modalidade de provas), além de servir como contribuição ao desenvolvimento pessoal do acadêmico.

Dessa forma, se estiver em dúvida sobre qual caminho seguir, avalie seus objetivos e defina quais são suas prioridades, não se olvidando das devidas comprovações que necessitará realizar em determinados certames, bem como dos prós e contras em se escolher uma ou outra opção.

12 Sou tecnólogo na área de Informática. Posso prestar concursos que exijam nível superior?

Os cursos tecnólogos ou sequenciais são objeto de muita polêmica e preconceito. Há quem enxergue os profissionais com esse tipo de formação como "os preguiçosos que não quiseram fazer uma faculdade" ou como "aqueles que fizeram um curso técnico melhorado". Ocorre que a questão não deveria se encarada assim, com tamanha desinformação.

Apesar de existirem resistências por parte de alguns órgãos que realizam concursos, os cursos tecnólogos não deveriam sofrer qualquer tipo de restrição. Isso porque as ênfases de um curso de bacharel e a de um de tecnólogo são diferentes. Ressalte-se que o conteúdo ministrado nos cursos sequenciais não é, de forma alguma, prejudicado, mesmo nos casos em que a duração seja menor.

O próprio Ministério da Educação reconhece a validade de tais cursos, o que permite às pessoas portadoras de diploma de tecnólogo fazerem pós-graduação *lato sensu*, mestrado, doutorado, MBA etc. Convenhamos, se esses cursos fossem mesmo de qualidade inferior, não seria possível admitir essa continuidade acadêmica.

A diferença na formação entre o bacharel e o tecnólogo está no conteúdo mais prático e especializado deste, enquanto aquele terá uma formação acadêmica mais ampla, crítica e menos especializada. É comum que o bacharel procure cursos que o direcionem para um determinado setor escolhido do mercado. O tecnólogo, por outro lado, já se encontra no caminho que deseja trilhar.

O desagradável é notar que, muitas vezes, os itens descritos nos editais para os bacharéis são matérias que os tecnólogos conhecem com maestria. Com isso, percebe-se que há muitos tecnólogos deixando de ser aproveitados na Administração Pública.

Já existe uma pequena abertura para esse segmento do mercado promovida pelo Sindicato dos Tecnólogos do Estado de São Paulo (http://www.tecnologo.org.br), por parte da Associação Nacional dos Tecnólogos (http://www.ant.org.br) e do site Sou Tecnólogo (http://www.soutecnologo.com.br/?p=213). São associações que lutam pelos interesses da classe e que têm conseguido algumas conquistas no setor público.

Por isso, ainda não se pode dizer que é completamente possível para um tecnólogo prestar concurso para cargos de nível superior. Torçamos para que no futuro exista uma maior aceitação desses profissionais.

13. Estou desempregado(a) e com restrições nos bancos de dados das associações de restrição ao crédito. Isso me impede de ser servidor público?

Até o advento da Lei nº 12.347, de 10 de dezembro de 2010, que revogou o art. 508 da Consolidação das Leis do Trabalho, era possível não admitir e até demitir por justa causa aquele que estivesse inscrito nos cadastros de inadimplentes. Isso se aplicava aos empregados públicos das instituições bancárias da Administração Pública Indireta, a exemplo da Caixa Econômica Federal e do Banco do Brasil.

Esse artigo existia porque a profissão de bancário envolve grande responsabilidade com dinheiro em espécie. Com isso, entendia-se que aquele que não sabia gerir suas próprias finanças não poderia trabalhar com a moeda alheia.

No contexto em que o artigo da CLT surgiu, no ano 1943, essa exigência era justificável. Os tempos eram outros. A economia e o mercado de trabalho tinham outras configurações.

Todavia, no atual cenário de desemprego, taxas de juros altas e a necessidade de se tomar muitos empréstimos, todo empregado torna-se potencial devedor. Aliás, o que mais existe hoje são pessoas solicitando empréstimos nas financeiras.

Por isso, foi acertada a decisão de revogar o referido artigo de lei, uma vez que o emprego serve justamente para o cidadão trabalhador saldar suas dívidas! É por meio do salário – a contraprestação ao serviço – que o servidor poderá consertar sua vida financeira.

Cabe ressaltar que a maioria dos brasileiros não deve aos seus credores porque assim deseja. Ao contrário, as pessoas, no afã de suprirem suas necessidades básicas, contraem dívidas e, geralmente, tentam, mas não conseguem pagá-las. O custo fica muito além de suas possibilidades. Portanto, o devedor quer pagar, mas o desemprego ou o baixo salário não permite a quitação da dívida.

Em relação aos servidores estatutários, esse tipo de exigência ou restrição de acesso ao cargo público geralmente não existe. No âmbito federal, em que os servidores públicos são regidos pela Lei nº 8.112, de 12 de dezembro de 1990, não existe qualquer menção a esse assunto. Assim, não há o que temer.

Por isso, se você deseja prestar concursos e deseja quitar suas dívidas com o seu salário, o cargo público pode representar o caminho certo para estabilizar sua vida e a possibilidade das suas finanças serem corrigidas.

➡ No Brasil Império (1822-1889) não havia concurso público.

Os candidatos eram selecionados a critério exclusivo do imperador, embora a própria Constituição de 1824 trouxesse a seguinte garantia fundamental: *"Todo o cidadão pode ser admittido aos Cargos Publicos Civis, Politicos, ou Militares, sem outra differença, que não seja dos seus talentos, e virtudes"* (art. 179, XIV, grafia preservada da época).

14 Sou portador de necessidades especiais (PNE), posso me inscrever em concursos públicos?

> "A força não provém da capacidade física, mas da vontade férrea."
> *(Mahatma Gandhi)*

Durante muito tempo, a discriminação prevaleceu sobre os portadores de necessidades especiais (PNE), em todas as áreas produtivas, públicas ou particulares. Qualquer pessoa com deficiência, por mínima que fosse, era tratada como um ser inútil, incapaz de realizar até pequenas tarefas e, consequentemente, de ser inserida no concorrido e exigente mercado de trabalho.

Com a promulgação da Constituição Federal de 1988, vários dispositivos legais foram inseridos ou modificados, para tratar especificamente dos direitos e das garantias das pessoas com deficiência e de seu acesso aos cargos públicos. Vejamos os mais importantes:

O art. 37, VIII, da Constituição Federal de 1988 menciona o seguinte: *"a lei reservará percentual dos cargos e empregos públicos para as pessoas portadoras de deficiência e definirá os critérios de sua admissão"*.

O Decreto nº 3.298/1999, que dispõe sobre a política nacional para a integração da pessoa portadora de deficiência, traz o seguinte texto:

> Art. 37. **Fica assegurado à pessoa portadora de deficiência** o direito de **se inscrever em concurso público,** em igualdade de condições com os demais candidatos, **para provimento de cargo** cujas atribuições **sejam compatíveis com a deficiência de que é portador.**
> § 1º **O candidato portador de deficiência**, em razão da necessária igualdade de condições, concorrerá a todas as vagas, **sendo reservado no mínimo o percentual de cinco por cento em face da classificação obtida.**
> § 2º Caso a aplicação do percentual de que trata o parágrafo anterior **resulte em número fracionado,** este deverá ser **elevado até o primeiro número inteiro subsequente.**
> Art. 38. **Não se aplica o disposto no artigo anterior** nos casos de provimento de:

I – cargo em comissão ou função de confiança, de livre nomeação e exoneração; e

II – cargo ou emprego público integrante de carreira **que exija aptidão plena do candidato.**

Art. 39. Os editais de concursos públicos deverão conter:

I – o número de vagas existentes, bem como o total correspondente à reserva destinada à pessoa portadora de deficiência;

II – as atribuições e tarefas essenciais dos cargos;

III – previsão de adaptação das provas, do curso de formação e do estágio probatório, conforme a deficiência do candidato; e

IV – **exigência de apresentação, pelo candidato portador de deficiência, no ato da inscrição,** de **laudo médico** atestando **a espécie e o grau ou nível da deficiência,** com expressa referência **ao código correspondente da Classificação Internacional de Doença – CID, bem como a provável causa da deficiência.**

Art. 40. **É vedado à autoridade competente** obstar [impedir]a inscrição de pessoa portadora de deficiência em concurso **público para ingresso em carreira da Administração Pública Federal direta e indireta.**

§ 1º **No ato da inscrição**, o candidato portador de deficiência **que necessite de tratamento diferenciado nos dias do concurso** deverá requerê-lo, **no prazo determinado em edital**, indicando as condições diferenciadas de que **necessita para a realização das provas.**

§ 2º O candidato portador de deficiência **que necessitar de tempo adicional para realização das provas** deverá requerê-lo, **com justificativa acompanhada de parecer emitido por especialista da área de sua deficiência**, no prazo estabelecido no edital do concurso.

Art. 41. A pessoa portadora de deficiência, **resguardadas as condições especiais previstas neste Decreto**, participará de concurso em igualdade de condições com os demais candidatos no que concerne:

I – ao conteúdo das provas;

II – à avaliação e aos critérios de aprovação;

III – ao horário e ao local de aplicação das provas; e

IV – a nota mínima exigida para todos os demais candidatos.

Art. 42. **A publicação do resultado final do concurso** será feita **em duas listas**, contendo, **a primeira, a pontuação de todos os candidatos**, inclusive a dos portadores de deficiência, e **a segunda, somente a pontuação destes últimos.**
Segundo esse mesmo decreto (art. 10), é considerado:
I – Deficiência – toda perda ou anormalidade de uma estrutura ou função psicológica, fisiológica ou anatômica que gere incapacidade para o desempenho de atividade, dentro do padrão considerado normal para o ser humano.
II – Deficiência permanente – aquela que ocorreu ou se estabilizou durante um período de tempo suficiente para não permitir recuperação ou ter probabilidade de que se altere, apesar de novos tratamentos.
III – Incapacidade – uma redução efetiva e acentuada da capacidade de integração social, com necessidade de equipamentos, adaptações, meios ou recursos especiais para que a pessoa portadora de deficiência possa receber ou transmitir informações necessárias ao seu bem-estar pessoal e ao desempenho de função ou atividade a ser exercida.

E como saber qual o critério adotado para alguém ser considerado uma pessoa portadora de deficiência? Os candidatos às vagas reservadas aos PNEs devem observar as seguintes categorias de deficiências (art. 11 da lei acima referida):

Deficiência física – alteração completa ou parcial de um ou mais segmentos do corpo humano, acarretando o comprometimento da função física, apresentando-se sob a forma de paraplegia, paraparesia, monoplegia, monoparesia, tetraplegia, tetraparesia, triplegia, triparesia, hemiplegia, hemiparesia, ostomia, amputação ou ausência de membro, paralisia cerebral, nanismo, membros com deformidade congênita ou adquirida, exceto as deformidades estéticas e as que não produzam dificuldades para o desempenho de funções.

Deficiência auditiva – perda bilateral, parcial ou total, de quarenta e um decibéis (dB) ou mais, aferida por audiograma nas frequências de 500Hz, 1.000Hz, 2.000Hz e 3.000Hz.

Deficiência visual/cegueira – na qual a acuidade visual é igual ou menor que 0,05 no melhor olho, com a melhor correção óptica. **Baixa visão**: significa acuidade visual entre 0,3 e 0,05 no melhor olho, com a melhor correção óptica; os casos nos quais a somatória da medida do campo visual em ambos os olhos for igual ou menor que 60°; ou a ocorrência simultânea de quaisquer das condições anteriores. As pessoas com baixa visão são aquelas que, mesmo usando óculos comuns, lentes de contato, ou implantes de lentes intraoculares, não conseguem ter uma visão nítida.

Deficiência mental – funcionamento intelectual significativamente inferior à média, com manifestação antes dos dezoito anos e limitações associadas a duas ou mais áreas de habilidades adaptativas, tais como: comunicação, cuidado pessoal, habilidades sociais, utilização dos recursos da comunidade, saúde e segurança, habilidades acadêmicas, lazer e trabalho.

Deficiência múltipla – associação de duas ou mais deficiências.

Como é feita a comprovação da deficiência? A condição de pessoa com deficiência pode ser comprovada por duas maneiras:

Laudo médico – pode ser emitido por médico do trabalho da empresa ou outro médico, atestando enquadramento legal do(a) empregado(a) para integrar a cota, de acordo com as definições estabelecidas na Convenção nº 159 da OIT, Parte I, art. 1; Decreto nº 3.298/99, arts. 3º e 4º, com as alterações dadas pelo art. 70 do Decreto nº 5.296/2004. O laudo deverá especificar o tipo de deficiência e ter autorização expressa do(a) empregado(a) para utilização do mesmo pela empresa, tornando pública a sua condição.

Certificado de Reabilitação Profissional emitido pelo INSS – a Lei nº 7.853/1989 assegura aos PNEs o seguinte:

> Art. 8º. Constitui crime punível com reclusão de 1 (um) a 4 (quatro) anos, e multa:
> (...)
> II – **obstar[impedir]**, sem justa causa, o acesso de **alguém a qualquer cargo público**, por motivos derivados de sua **deficiência**;

A Lei nº 8.112/1990, também conhecida como Estatuto dos Servidores Públicos, traz no seu art. 5º, § 2º, o seguinte: "Às pessoas portadoras de deficiência é assegurado o direito de se inscrever em concurso público para provimento de cargo ***cujas atribuições sejam compatíveis com a deficiência de que são portadoras; para tais pessoas serão reservadas até 20%*** *(vinte por cento) das vagas oferecidas no concurso*".

Portanto, são asseguradas tanto a inscrição como a garantia que do total de vagas ofertadas nos concursos públicos, terá **o mínimo de 5% até 20%** reservadas aos candidatos portadores de necessidades especiais (dentro de suas limitações).

Assim, diante do exposto, é garantido a qualquer pessoa, portadora de necessidades especiais (PNE), desde que atendidas as exigências que a lei impõe se inscrever em concursos públicos.

Importante! Sendo você um portador de necessidades especiais, inscreva-se somente nas vagas destinadas a PNE. Não se esqueça de ler atentamente o tópico do edital destinado aos candidatos portadores de deficiência.

⮕ **Vagas destinadas à "ampla concorrência"**

São aquelas reservadas aos candidatos que não estão dentro das cotas (pessoas negras, portadores de necessidades especiais, entre outros). Na realidade todos podem concorrer.

15. Sou deficiente físico. Posso concorrer a uma vaga nas forças armadas?

Os concursos das forças armadas suscitam muitas polêmicas no mundo jurídico. Muito dessa discussão se deve à necessidade de produção de uma legislação mais atual e condizente com a Constituição de 1988. Como há esse descompasso, as forças se ressentem de uma legislação mais completa e detalhada sobre suas atividades. Entre as atividades que precisam ser reguladas, está a disciplina dos concursos públicos.

Como não existe uma robusta legislação sobre o tema, apenas as disposições gerais disciplinadas na Constituição de 1988, recorre-se à doutrina (obras jurídicas) e à jurisprudência (reiteração de diversos julgados pelo judiciário). A partir de uma pesquisa feita nesses segmentos, pode-se perceber que o entendimento prevalecente é no sentido de que o deficiente físico não poderá ingressar como militar nas fileiras das forças armadas.

Apesar de, à primeira vista, parecer um entendimento que fere o princípio da igualdade, o raciocínio utilizado foi mais especializado. Os valores que foram considerados nesse caso, pelo legislador constituinte, são aqueles relacionados à higidez física para conseguir estar apto(a) a defender o país, seguindo a missão que a Constituição Federal determinou às forças armadas em seus arts. 142 e 143.

Marcelo Alexandrino e Vicente Paulo registram que a justificativa dada pela jurisprudência foi a de que existem exigências de condições mínimas de capacidade física e mental para a acessibilidade aos cargos públicos. Isso se aplica validamente às forças armadas, justamente em função do trabalho que será desempenhado. Afinal, o militar precisará estar apto a se exercitar fisicamente, a realizar treinamentos que envolvam as habilidades motoras em sua plenitude.

Contudo, nada impede que o portador de necessidades especiais ingresse como um servidor público civil para trabalhar nos setores administrativos das forças. É uma atividade que também colaborará indiretamente para ajudar nosso país, tenha certeza disso! Basta ficar atento às cláusulas dos editais para saber se há possibilidade de adequação ao cargo.

16 | Tenho 17 anos de idade. Posso fazer concursos públicos? Posso tomar posse do Cargo?

A Lei Federal nº 8.112/1990, que trata do regime jurídico dos servidores públicos civis da União, das autarquias e das fundações públicas federais, dispõe sobre alguns requisitos básicos para a investidura em cargo público, a saber:

> Art. 5º. São requisitos básicos para investidura em cargo público:
> I – a nacionalidade brasileira;
> II – o gozo dos direitos políticos;
> III – a quitação com as obrigações militares e eleitorais;
> IV – o nível de escolaridade exigido para o exercício do cargo;
> **V – a idade mínima de dezoito anos;**
> VI – aptidão física e mental.
> § 1º As atribuições do cargo podem justificar a exigência de outros requisitos estabelecidos em lei.

Logo é imprescindível possuir a idade mínima de 18 anos para ser investido em um cargo público. A Lei no 8.112/1990 também define como ocorre a investidura em cargo público: "A investidura em cargo público ocorrerá com a posse." (art. 7º).

Resumindo: É necessário ter 18 anos para ser investido em cargo público, ou seja, para tomar posse. Também será necessário cumprir os outros requisitos estabelecidos em lei.

Veja que essa lei não define qual a idade mínima para que uma pessoa faça as provas de concursos públicos. Não há vedação expressa na lei que impeça o candidato menor de 18 anos de se inscrever em um concurso público e de se submeter às provas.

O art. 5º da Constituição Federal, inciso II, define uma das vertentes do princípio da Legalidade. Observe o que diz esse inciso: "*II – ninguém será obrigado a fazer ou deixar de fazer alguma coisa senão em virtude de lei*".

Em outras palavras, se a lei não proíbe expressamente ou define a idade mínima para que alguém se submeta às provas de concursos públicos, é permitido que, por exemplo, uma pessoa que tenha 17 anos participe do concurso.

Veja uma situação hipotética:

Faltam seis meses para você completar 18 anos e você decide fazer um concurso público qualquer. Você se inscreve, paga a taxa de inscrição, estuda e é aprovado.

A Administração Pública faz a nomeação para o cargo ao qual você foi aprovado. Podem ocorrer duas situações:

1 – Você obteve aprovação no concurso, mas, dentro do prazo para a posse, você ainda não tem os 18 anos de idade, ainda que os outros requisitos básicos tenham sido atendidos. **Conclusão: não poderá tomar posse**.

2 – Você obteve aprovação no concurso e dentro do prazo para a posse você completou 18 anos e cumpre todos os demais requisitos para a posse. **Conclusão: poderá tomar a posse.**

Seja ousado! Se você já decidiu fazer concursos públicos, mesmo que ainda não tenha 18 anos, não tenha medo! O máximo que pode acontecer é você passar em um concurso e não conseguir tomar posse por causa da idade, ou seja, vai continuar igualzinho do jeito que estava antes de fazer os concursos: no "zero a zero".

17 | Estou grávida. Posso prestar concurso público?

> "A maternidade tem o preço determinado por Deus, preço que nenhum homem pode ousar diminuir ou não entender."
>
> *(Helen Hunt Jackson)*

As pessoas têm a capacidade de distorcer certas coisas. Um exemplo bem típico disso é associar a gravidez a um estado de doença, em que a mulher gestante não teria condições suficientes para exercer qualquer atividade, por mais simples e leve que fosse, pois isso traria consequências ao bebê. Somente por um estado de gravidez de alto risco uma mulher gestante deixaria de viver sua rotina diária, que inclui, trabalhar, estudar, lazer, atividade física, namorar etc. (muitas mulheres só interrompem suas atividades mesmo na hora do parto).

A gravidez é, portanto, apenas um período temporário em que a mulher terá que tomar alguns cuidados extras.

Algumas mulheres que estudam para concursos públicos adiam o sonho de ser mãe devido à preparação para as provas. No entanto, às vezes o mesmo planejamento que é usado para os estudos não funciona para outras coisas e a cegonha vem um pouco mais cedo. Isso não impede que a futura mamãe (concurseira) continue estudando e tenha o direito à nomeação e à posse em um cargo público caso seja aprovada.

Muitas pessoas questionam exatamente isso: como uma candidata nomeada para um cargo público, que esteja impossibilitada de se locomover por motivo de uma gravidez de alto risco, possa ser empossada? Simples! Segundo o art. 13, § 1º, da Lei nº 8.112/1990, depois da nomeação o candidato terá 30 (trinta) dias contados da publicação do ato de provimento para tomar posse. Logo em seguida, o § 3º diz o seguinte: "*A posse poderá dar-se mediante procuração específica.*" Assim, basta que a candidata em questão constitua um procurador e que este assine o respectivo termo de posse.

Nesse mesmo momento surge outra dúvida: como ela assumirá seu cargo, já que o art. 15, § 1º, da mesma lei diz que é de 15 (quinze) dias o prazo para o servidor empossado em cargo público entrar em exercício, contados da data da posse? Nesse caso, a futura mamãe concurseira já será para todos os efeitos uma servidora pública e como tal, dependendo do estado de sua gravidez, poderá solicitar um atestado médico para afastamento ou a sua licença maternidade. Veja o texto do art. 207: *"Será concedida licença à servidora gestante por 120 (cento e vinte) dias consecutivos, sem prejuízo da remuneração".*

Importante! Havendo qualquer descumprimento da lei, cabe mandado de segurança, que pode ser acionado preventivamente e, também, dependendo da natureza do fato, indenização por danos morais.

18 | Tenho tatuagem e desejo concorrer a um cargo público. Isso me traria algum impedimento?

Apesar de existir resistência no âmbito das forças armadas e nas polícias, as vedações às tatuagens estão cada vez mais em desuso. Realmente, o uso delas já foi mais objeto de preconceito do que é hoje em dia, pois tem acontecido uma verdadeira popularização das tatuagens. Hoje, exceto nas áreas mencionadas, a aceitação tem sido muito maior dentro do funcionalismo público. Há juízes e promotores que gostam dos desenhos na pele e, nem por isso, tiveram seus acessos aos cargos públicos impedidos.

Observe que não defendemos ou somos contra as tatuagens. Contudo, se você pretende fazer uma tatuagem, aconselhamos pensar bem antes de tomar a decisão, pois a marca que fica gravada no corpo é para a vida inteira.

Para as entidades públicas que não veem com bons olhos o uso de tatuagens, alguns desenhos são considerados ofensivos à instituição. Assim, o uso de suásticas, desenhos que remetam à prática de crimes e incitem valores condenáveis em nossa sociedade podem ser interpretados dessa forma. Isso, inclusive, é o que preveem alguns editais de concurso da área policial e das forças armadas.

Contudo, os tribunais, notadamente o TRF da 1ª Região, entendem de forma contrária:

> Ementa constitucional e administrativa. Concurso público para admissão ao curso de formação de sargentos da aeronáutica. Preliminares de impossibilidade jurídica do pedido e litisconsórcio necessário. Afastadas. Inaptidão em inspeção de saúde. Tatuagem. Vedação contida no edital – comprometimento da estética e moral não verificado. (ac 200638000123995; ac – apelação civel – 200638000123995)

Apesar da argumentação de uma parte da administração pública, a jurisprudência tem se posicionado a favor das pessoas tatuadas. Por isso, observa-se que não há obstáculo legal para ingressar no serviço público quando se tem um desenho gravado na pele.

PARTE 2
COMO FUNCIONAM OS CONCURSOS PÚBLICOS?

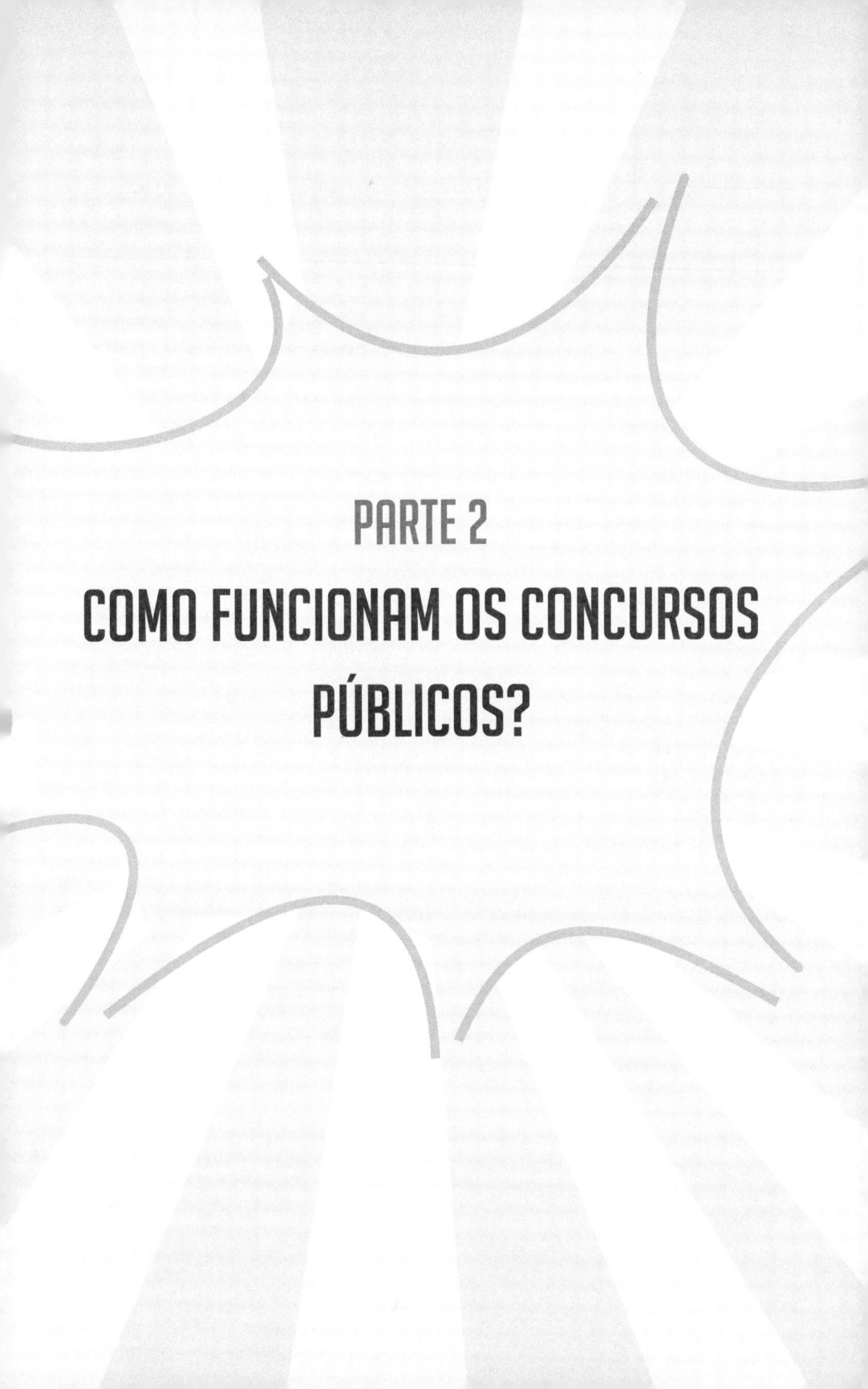

19. O que é uma organizadora de concursos públicos? Por que preciso conhecer suas características?

Uma Organizadora de concursos públicos nada mais é do que uma empresa contratada para organizar a seleção de ingresso de pessoal nas entidades da Administração Pública Direta ou Indireta. Ela é responsável por todos os procedimentos da seleção. São funções da organizadora: elaborar o edital em conjunto com o órgão promotor do concurso, receber as inscrições, recolher as taxas, alocar os candidatos em locais adequados para realização das provas, contratar pessoal para aplicá-las. É também responsabilidade da organizadora a logística, o transporte e a segurança de todo o processo, entre outras atribuições. Destacamos, em especial, a parte visível de todo esse processo: a elaboração das provas.

Isso é fato: cada organizadora elabora a sua prova à sua maneira, o que equivale a dizer que, se analisarmos as provas de organizadoras diferentes, encontraremos vários estilos de avaliação. Existem diversas organizadoras de concursos públicos. As mais conhecidas são:
- Centro de Seleção e de Promoção de Eventos – Cespe;
- Escola de Administração Fazendária – Esaf;
- Fundação Getúlio Vargas – FGV;
- Fundação para o Vestibular da Universidade Estadual Paulista – Vunesp;
- Cesgranrio;
- Núcleo de Computação Eletrônica – NCE/UFRJ.

Essas organizadoras são responsáveis pela elaboração dos maiores concursos do país. Existem outras organizadoras que fazem concursos de cunho mais regional. São inúmeras as empresas do ramo.

Conhecer as características da organizadora que elaborará a prova do concurso que você escolheu fazer é fundamental para um bom desempenho na prova e, muitas vezes, pode ser aquele diferencial que você precisa para ser aprovado em um concurso.

Para se familiarizar com essas características você deve resolver inúmeras questões elaboradas pela organizadora que você deseja conhecer a fundo. Só o treino e a resolução de muitos exercícios de provas anteriores podem proporcionar esse tipo de conhecimento e aquela "malícia" necessária na hora de responder as questões do concurso.

"E por que devo fazer provas anteriores dessas organizadoras?", você deve estar se perguntando.

Como cada organizadora de concurso público tem o seu "jeitão", resolver provas anteriores lhe ensinará, com uma precisão incrível, como essa organizadora cobra os assuntos do edital. É batata! (Essa expressão é bem "velhinha", não é?!) Não deixe de fazê-las. Você tem muito a aprender com elas.

⮕ **A exigência do concurso de provas, ou de provas e títulos, teve início apenas com a Constituição de 1967.**

De acordo com o art. 95, § 1º, da Constituição de 1967, a exigência abrangia todo o funcionalismo público. Havia exceção apenas para os cargos de livre nomeação e exoneração, declarados em lei (§ 2º do mesmo artigo).

20 Como conseguir a isenção da taxa de inscrição em concursos públicos?

É fato que estudar para concursos públicos não é barato, visto que há um investimento mínimo em livros e materiais de estudo diversos. Da mesma forma, prestar concursos públicos não é barato. Além do deslocamento necessário para prestar as provas, há a necessidade de pagar pelas taxas de inscrição, que estão longe de serem baratas. O que muitos concurseiros desconhecem, no entanto, é que há previsão legal para a isenção da taxa de inscrição para aqueles que se enquadrarem em situações específicas. Vejamos o que diz a Lei nº 8.112/1990:

> Art. 11. O concurso será de provas ou de provas e títulos, podendo ser realizado em duas etapas, conforme disputerem a lei e o regulamento do respectivo plano de carreira, condicionada a inscrição do candidato ao pagamento do valor fixado no edital, quando indispensável ao seu custeio, e **ressalvadas as hipóteses de isenção nele expressamente previstas**.

E quais são essas hipóteses? Vejamos.
- O governo federal isenta totalmente do pagamento da taxa de inscrição nos concursos públicos que promovem a inclusão de população carente. Entende-se por população carente quem possui renda familiar *per capita* (por pessoa) de até meio salário mínimo, ou renda familiar mensal de até três salários mínimos. Para comprovar essa condição, é necessário que a pessoa esteja inscrita no Cadastro Único para programas sociais do Governo Federal. Para se inscrever nesse Cadastro Único deve-se procurar o responsável pelo programa Bolsa-Família junto à prefeitura da cidade onde se reside, ou no Centro de Referência à Assistência Social (CRAS) do município.
- No primeiro semestre de 2010 foi aprovado pela Comissão de Constituição e Justiça do Senado um projeto que visa a desobrigar do pagamento da taxa de inscrição as pessoas que não possuem emprego. O projeto prevê o acréscimo de um parágrafo único ao art. 11 da Lei nº 8.112, o qual diz que "é dispensada do pagamento dos valores fixados no edital do concurso a inscrição de candidato comprovadamente

desempregado". Apesar de tal hipótese de isenção já aparecer em alguns concursos públicos federais, ela não é ainda de observação obrigatória, visto que o projeto ainda aguarda sanção presidencial.

- O estado de São Paulo inovou há alguns anos ao passar a oferecer isenção da taxa de inscrição aos doadores regulares de sangue, que deverão apresentar comprovação oficial dessa condição.

De qualquer forma, estão previstos nos editais dos concursos públicos as hipóteses de isenção, como pode ser verificado nesse exemplo:

> 4.17 Não serão aceitos pedidos de isenção do pagamento do valor da inscrição, com exceção ao cidadão amparado pelo Decreto nº 6.593, de 2 de outubro de 2008, publicado no *Diário Oficial da União* de 3 de outubro de 2008, que comprove estar inscrito no Cadastro Único para Programas Sociais do Governo Federal – CadÚnico, e ter renda familiar mensal igual ou inferior a três salários-mínimos ou renda familiar per capita de até meio salário-mínimo mensal, conforme o referido Decreto.
>
> 4.17.1 A comprovação no Cadastro Único para Programas Sociais será feita por meio de indicação do Número de Identificação Social – NIS, além dos dados solicitados no Requerimento de Inscrição via Internet.

21. Qual é o prazo de validade de um concurso público?

Quando o assunto é a validade de um concurso público sempre há muitas dúvidas entre os candidatos. Alguns candidatos afirmam que é de dois anos, outros ainda dizem que essa validade é de quatro anos. Essa discussão confunde o concurseiro. Acredito que muitas pessoas já foram prejudicadas por não saberem a real validade do concurso que fizeram. Então, qual é o verdadeiro prazo de validade de um concurso público?

A Constituição Federal de 1988 disciplina sobre esse tema em seu art. 37, inciso III:

> Art. 37. A administração pública direta e indireta de qualquer dos Poderes da União, dos Estados, do Distrito Federal e dos Municípios obedecerá aos princípios de legalidade, impessoalidade, moralidade, publicidade e eficiência e, também, ao seguinte:
>
> (...)
>
> III – O prazo de validade do concurso público será **de até dois anos, prorrogável uma vez, por igual período**;

Em suma, dizer que o concurso público terá validade de até dois anos significa dizer que a Administração (o órgão ou entidade) pode escolher, conforme conveniência e oportunidade (ou seja, é discricionário) qual será a validade do seu concurso, obedecidos os comandos da Constituição.

Exemplo: A Receita Federal abre concurso para auditor fiscal e no edital determina que a validade do concurso será de oito meses prorrogável por igual período. O que significa isso?

É simples: em princípio, esse concurso terá validade de oito meses a contar da homologação do concurso público.

E depois desse período, quer dizer que o concurso acabou? Perdeu a validade? Não necessariamente. Se o concurso não foi prorrogado, sua validade expirou e a Administração não poderá chamar mais nenhum candidato. Se o concurso foi prorrogado por igual período, ela terá validade de mais oito meses.

Resumindo:

Concurso não prorrogado: Validade de oito meses.

Concurso prorrogado: Validade de 16 meses (oito meses do primeiro período mais oito meses do segundo período).

Cabe ressaltar que escolhemos oito meses aleatoriamente. Como a Constituição diz que o prazo é de até dois anos, poderíamos ter escolhido três meses ou mesmo 23 meses e 15 dias. Cada órgão ou entidade tem livre escolha sobre esse prazo.

Fique atento! Cada concurso poderá ter um prazo de validade distinto, obedecida a regra acima.

22. Qual a diferença entre nomeação, posse e exercício?

É muito comum vermos candidatos confundirem a definição desses três termos ou mesmo usando-os como sinônimos. Para acabar de vez com qualquer dúvida a respeito do assunto, vamos defini-los:

Nomeação: É uma forma de provimento originário de cargo público. Originário significa que o nomeado não possui vínculo anterior com a Administração. Após a homologação de um concurso público, é o primeiro ato administrativo que o órgão ou entidade confecciona convocando os aprovados para tomar posse do cargo público.

Posse: É a investidura em cargo público efetivo ou em comissão, ocasião em que o investido aceita as atribuições do cargo que passa a ocupar. Também descreve os deveres, as responsabilidades e os direitos inerentes ao cargo ocupado, que não poderão ser alterados unilateralmente. É decorrência direta da nomeação e se materializa com a assinatura do respectivo termo de posse.

Exercício: O art. 15 da Lei nº 8.112/1990 define o que é o exercício em cargo público: "é o efetivo desempenho das atribuições do cargo público ou da função de confiança".

Em outras palavras, o servidor recém-empossado entra em exercício quando efetivamente começa a trabalhar, no órgão ou entidade, executando as atividades inerentes ao cargo.

A sequência dos acontecimentos é: Nomeação → Posse → Exercício.

Fique atento! Não confunda esses conceitos!

⮕ **Os prazos para posse e exercício são (de acordo com a Lei nº 8.112/1990):**

Posse – 30 dias.
Exercício – 15 dias.
O candidato que não cumprir esses prazos será:
Posse – Ato tornado sem efeito.
Exercício – Será exonerado do cargo.

23 | O que significa investidura?

Essa palavra é muito conhecida no meio concurseiro, e parece complicada, mas não é. Investidura é sinônimo de posse. Quando alguém passa em um concurso público, mediante o cumprimento de exigências previamente estabelecidas em edital, e estando devidamente aprovado e classificado dentro do número de vagas fixado, ele tem direito a tomar posse do cargo para o qual prestou o concurso.

Para que ele tome posse do cargo, os requisitos estão dispostos na Lei nº 8.112/1990, que disciplina o Regime Jurídico dos Servidores Estatutários da União. Esses requisitos são (art. 5º, *caput*):
- nacionalidade brasileira;
- estar em gozo dos direitos políticos;
- quitação com as obrigações militares e eleitorais;
- nível de escolaridade exigido para o exercício do cargo;
- idade mínima de dezoito anos; e
- aptidão física e mental.

Outros requisitos podem ser solicitados, dependendo das atribuições do cargo, como prova de experiência prévia com atividade jurídica para concursos de ingresso na Magistratura e no Ministério Público.

Agora, um detalhe importante: tomar posse nem sempre depende de concurso, uma vez que o servidor pode ser investido em cargo comissionado ou de confiança e exercer chefia ou direção de um departamento, por exemplo. A investidura, então, não decorre exclusivamente de concurso público, e sim de um ato da Administração, que admite determinada pessoa para tomar posse de cargo, emprego ou função pública, segundo a necessidade e a conveniência do órgão contratante. No entanto, a porta de entrada para o serviço público, ressalvadas exceções pontuais, continua a ser o concurso.

24 A Administração Pública tem a obrigação de nomear todos os candidatos aprovados em concursos públicos?

Até alguns anos atrás não havia essa obrigação, visto que os candidatos aprovados em concursos públicos tinham apenas a expectativa de serem nomeados para os cargos aos quais tinham prestado concurso e sido classificados. Ou seja, a Administração Pública poderia, inclusive, não nomear ninguém.

Atualmente a situação é bem diferente e, basicamente, temos duas situações.

Para os candidatos que ficaram classificados dentro do número de vagas previsto nos editais de concursos públicos, diz-se que têm o chamado "direito subjetivo" à nomeação, ou seja, mesmo que não nomeados para aquele cargo, podem, ao final da validade do certame, ingressar com ação judicial a fim de serem nomeados, visto que o entendimento dos tribunais superiores no Brasil é de que se o concurso foi realizado conforme os ditames da lei, com autorização do órgão de planejamento ou de gestão para preenchimento das vagas oferecidas (o que implica a existência de recursos financeiros para fazer frente a tal despesa), não nomear os candidatos aprovados para essas vagas seria temerário por parte da Administração Pública.

Já para os candidatos que foram classificados fora do número de vagas previsto nos editais ou o foram apenas para Cadastro de Reserva, não prevalece esse "direito subjetivo", pois são vagas que podem ou não surgir durante o prazo de validade do concurso.

É por esse motivo que o concurseiro deve ter como meta se classificar nos concursos que prestar dentro do número de vagas do edital, a fim de ter a segurança que, de uma forma ou de outra, será nomeado para o cargo que concorreu e provou ser um dos melhores dentre os inscritos no certame.

25 | Em quanto tempo os aprovados em concursos públicos deverão ser chamados para tomar posse?

Tecnicamente não existe prazo mínimo para a Administração Pública nomear os candidatos aprovados nos concursos públicos que promover. A nomeação pode acontecer tão logo tenha sido publicado o resultado definitivo dos certames, até o último dia de validade dos mesmos.

A validade dos concursos públicos é, por lei, de até dois anos, sendo possível prorrogação pelo mesmo período, ou seja, de até quatro anos. Note que esses são prazos máximos; alguns concursos podem ter prazo de validade menor.

Não há uma regra geral para o prazo de nomeação dos aprovados nos concursos públicos. Alguns órgãos e entidades fazem essa nomeação imediatamente após a divulgação do resultado definitivo dos certames, enquanto outros vão nomeando "a conta-gotas", ou seja, à medida que necessitam de novos servidores, e outros nomeiam somente no final do período de validade dos certames. Há casos extremos, que por sorte são raros, em que essa nomeação nem acontece, sendo necessário que os candidatos aprovados dentro do número de vagas ingressem na justiça a fim de fazerem valer seu "direito subjetivo" à nomeação e à posse.[1]

---

1 Para saber mais sobre o assunto leia a pergunta 22.

26 | Em geral, é mais fácil passar em um concurso de nível médio ou de nível superior?

Quando analisamos as provas aplicadas nos certames para esses dois níveis de escolaridade, percebemos que existem fatores que, necessariamente, influenciam a dificuldade das provas. Esses fatores são:

- **Quantidade de matérias cobradas**: Em concursos de nível médio normalmente são cobradas de três a oito matérias diferentes, enquanto em concursos de nível superior chegam a ser cobradas até 16 matérias em um único concurso.
- **Abrangência do conteúdo**: Nos concursos de nível superior os conteúdos das matérias são cobrados com maior rigor pelas bancas examinadoras, o que aumenta o grau de dificuldade das questões.
- **Remuneração**: Quanto maior a remuneração do cargo, mais difícil é passar em um concurso, pois esses cargos atraem candidatos mais experientes e, normalmente, mais preparados para enfrentar as provas. Na comparação, percebe-se que os cargos de nível superior têm remunerações mais altas do que cargos de nível médio.
- **Concorrência**: Concursos de nível médio têm relações de candidatos por vaga (número de candidatos dividido pelo número de vagas) muito maiores do que concursos de nível superior. Isto é, há mais candidatos disputando as vagas de nível médio, uma vez que o ensino superior no Brasil ainda é restrito a poucas pessoas, seja pela escassa renda para frequentar uma universidade particular ou pela insuficiência de vagas ofertadas nas universidades públicas. Também devemos considerar o fato de que as pessoas que possuem nível superior também podem fazer os concursos de nível médio aumentando ainda mais a concorrência por essas vagas.
- **Mínimo de acertos por matéria**: É muito comum que as provas dos concursos exijam que o candidato atinja um número mínimo de acertos em cada matéria. Nos concursos de nível superior essa sistemática está sempre presente. Bons candidatos são reprovados por não atingirem o mínimo em determinada matéria, o que torna as provas desse nível de escolaridade ainda mais difíceis.

Conclui-se então que para ser aprovado em um concurso público de nível superior o candidato encontrará muito mais dificuldade do que em um concurso de nível médio.

Não pense que por causa disso será fácil passar em um concurso de nível médio! Existem provas para esses cargos em que só é aprovado aquele candidato que "gabaritar" ou chegar muito perto disso.

O melhor remédio, seja qual for o nível de escolaridade exigido pelo concurso, é estudar muito e se preparar para a prova mais difícil que você conseguir imaginar. Ao fazer isso, se a prova for fácil, melhor para você e, se for difícil, você estará adequadamente preparado para conquistar a sua aprovação. Portanto, estude!

Algumas provas de nível de ensino médio e fundamental são mais difíceis que muitas de ensino superior.

Parece, no mínimo, muito estranha esse tipo de afirmação. Como se sabe, os concursos para cargos de ensino fundamental e médio são os mais procurados entre os diversos concurseiros desse Brasil. Por meio da lei universal da oferta e da procura, esses concursos tendem a ser bem difíceis e, às vezes, tão complexos quanto os de nível superior. Além disso, há muitos graduados que procuram por vagas de nível médio e fundamental. Essa é, inclusive, uma das razões para termos provas tão difíceis. Afinal, é preciso selecionar um bom ocupante para a vaga. A título de curiosidade, há casos pontuais em que a prova de ensino médio ou fundamental conseguiu ser mais difícil que a de nível superior.

27 | Vale a pena prestar concurso para cadastro de reserva?

Há muitos concurseiros que fogem dos chamados "cadastros de reserva", até mesmo na hora de escolherem o cargo para o qual prestarão as provas.

O cadastro de reserva existe para que novos servidores sejam chamados conforme a demanda do serviço realizado pela Administração, pois não há interesse nem necessidade do preenchimento imediato dos cargos, e também para evitar a abertura de um novo, caro e demorado processo seletivo. Os cadastros não são, como alguns pensam, uma forma de as organizadoras de concursos "comerem dinheiro" dos candidatos, ou uma autêntica perda de tempo. Há órgãos que chamam os habilitados em cadastro de reserva até de modo imediato, pois tudo vai depender da demanda que o serviço público exige.

Além disso, o cadastro de reserva é uma oportunidade para a pessoa aguardar uma chance melhor dentro do serviço público. Exemplo: Fulano é investido em cargo público numa cidade diferente da sua, ganhando certa quantia e tendo altas despesas com custo de vida; de repente aparece uma oportunidade de ser investido em outro cargo na mesma cidade em que ele morava anteriormente, com o dobro de remuneração e custo de vida menor, só que a vaga é para cadastro de reserva. Entendemos que vale – e muito – a pena prestar concurso para ser incluído nesse cadastro, uma vez que a vaga por ele gerada é permanente, bem como seus benefícios.

Permanecer já empossado em outro cargo, ademais, é uma grande vantagem, pois não há problema em esperar a abertura de vaga a partir do cadastro de reserva. Se a pessoa precisa de retorno mais ligeiro, o ideal seria que buscasse oportunidades com aprovação imediata para não ficar sempre na expectativa. E se é preciso que o retorno seja imediato, o concurseiro não pode contar com a aprovação em concursos, que é um investimento a médio e longo prazos: é melhor tentar algo provisório na iniciativa privada.

28 | Vale a pena prestar concurso para emprego temporário? E depois, como é que eu fico?

Numa época em que conquistar um emprego é algo difícil, que exige investimento e o retorno geralmente não é imediato, qualquer oportunidade pode ser um meio de ascender a algo de caráter permanente. Assim como existem aqueles que menosprezam o cadastro de reserva e concursos com uma só vaga, há também os que tratam o emprego temporário como uma alternativa descartável. Isso é um tremendo engano.

Todo fim de ano fala-se das contratações temporárias para a iniciativa privada: uma vez que o comércio se aquece com as datas festivas, há necessidade de maior absorção de mão de obra para que os lojistas deem conta da demanda e possam realizar bons negócios que garantam, no mínimo, um equilíbrio das contas aliado a uma boa margem de lucro. Por vezes a Administração Pública realiza o mesmo raciocínio, embora ela mesma não seja uma atividade que vise o lucro: se a demanda estiver muito forte, existe a alternativa de se abrirem vagas temporárias. As vantagens para o temporário são muitas, como a remuneração compatível com a do servidor de carreira, sem contar os benefícios que lhe são conferidos. E estar empregado, ainda que de maneira temporária, traz também visibilidade de mercado, a tão solicitada experiência, boas recomendações e, naturalmente, equilíbrio nas finanças.

Uma das desvantagens do cargo temporário, entretanto, é não possuir a perenidade dos concursados de carreira. Findo o contrato temporário e sem possibilidade de renovação, a pessoa deve deixar o serviço público sem garantias como, por exemplo, aposentadoria compatível com os vencimentos que recebia enquanto na ativa. E não há como a Administração cogitar um "reaproveitamento" de temporários, nem mesmo motivada por interesse público: é necessária nova contratação, para a qual ela deve convocar outro processo seletivo.

29 | Por que devo me submeter aos exames médicos antes da posse?

O Princípio da Legalidade estabelece que a Administração **Pública só poderá agir se assim a lei autorizar**, enquanto que o particular só não poderá fazer o que a lei vedar expressamente. Exemplificaremos utilizando o Poder Executivo federal para que fique mais claro.

A Lei nº 8.112/1990, do Regime Jurídico dos Servidores **Públicos** Civis da União, das Autarquias e das Fundações Públicas Federais, estabelece em seu art. 5º os requisitos básicos para investidura em cargo público:

> Art. 5º. São requisitos básicos para investidura em cargo público:
> (...)
> VI – aptidão física e mental.
> (...)
> Art. 7º. A investidura em cargo público ocorrerá com a posse.

Em outras palavras, a Administração Pública federal só poderá empossar o candidato aprovado em concurso público se ele cumprir todos os requisitos básicos estabelecidos nessa lei, incluindo-se o requisito de ter aptidão física e mental, não podendo declinar de nenhum deles. Logo, o candidato aprovado tem a obrigação de se submeter aos exames de aptidão física e mental para que seja cumprido o que a lei estabeleceu como requisito para a investidura em cargo público. Se o aprovado não fizer os exames, ele não cumprirá o que foi estabelecido e a Administração não poderá lhe dar posse no cargo público.

Esse é o aspecto jurídico, mas também há a necessidade de averiguar o real quadro de saúde do futuro servidor para saber se ele tem condições de exercer satisfatoriamente as atribuições que lhe serão confiadas.

A mesma lei deixa bem claro o que foi explicado anteriormente:

> Art. 14. A posse em cargo público **dependerá** de prévia inspeção médica oficial.

Fique atento futuro servidor! Não deixe de fazer os exames necessários à posse.

30 | Preciso pagar do meu próprio bolso pelos exames médicos exigidos para tomar posse de um cargo ou emprego público?

Quando um concurseiro é nomeado para um cargo público por ter sido aprovado em um certame, ele é convocado para apresentar uma série de documentos e passar por uma inspeção médica oficial para comprovar que tem saúde para assumir tal cargo.

Vejamos o que diz uma carta de orientação para recém-nomeados de um órgão público federal sobre o assunto:

> 1. DA INSPEÇÃO MÉDICA OFICIAL
> 1.1. O candidato nomeado deverá realizar inspeção médica oficial no local, cujo endereço está definido no Anexo I deste documento, conforme unidade federativa para a qual foi nomeado.
> 1.2. É responsabilidade de cada candidato nomeado o agendamento e a confirmação da data e do horário para a realização da sua inspeção médica oficial, bem como seu comparecimento ao local no horário previamente marcado.
> 1.3. O agendamento e a confirmação da data e do horário para a realização da inspeção médica oficial deverão ser feitos por meio dos números de telefone relacionados no Anexo I deste documento.
> 1.4. A definição da localidade da inspeção médica oficial de que trata o item anterior é aquela que consta no Anexo I deste documento e será feita conforme a área do cargo do candidato nomeado.
> 1.5. O candidato deverá comparecer ao local da inspeção médica oficial, munido de documento de identificação pessoal e dos resultados dos exames abaixo relacionados:
> a. Hemograma completo;
> b. Lipidograma completo;
> c. Sorologia para LUES;
> d. Sorologia para Chagas;
> e. Glicose;
> f. Urina: EAS;
> g. Ureia, creatinina e ácido úrico;

h. Transaminases (TGO e TGP);
i. Raio X de tórax em PA e perfil;
j. Eletrocardiograma (com laudo);
k. Atestado de aptidão mental emitido por psicólogo ou médico psiquiatra.

Note que o item 1.5 deixa claro que o recém-nomeado deverá apresentar no dia da inspeção médica oficial agendada com antecedência os resultados dos exames relacionados. A grande pergunta é se esses exames deverão ser feitos em laboratórios e com médicos particulares **à custa** do concurseiro ou se poderão ser feitos utilizando a rede pública de saúde. Pois bem, teoricamente dependerá apenas da escolha e das condições financeiras do candidato. Na prática a coisa é um pouco mais complicada, uma vez que a rede pública de saúde não é conhecida pela rapidez na prestação dos serviços sob sua responsabilidade, o que poderá causar uma situação em que o concurseiro não receberá os resultados desses exames em tempo hábil para apresentação na data marcada para a inspeção médica oficial.

Tendo em vista que no âmbito federal "*a posse ocorrerá no prazo de trinta dias contados da publicação do ato de provimento*" (Lei 8.112/1986, art. 13, § 1º), será arriscado se o concurseiro optar por realizar os exames exigidos utilizando a rede pública de saúde, pois eventuais atrasos na entrega desses resultados poderão significar a perda do prazo para a posse. Já nos âmbitos estadual e municipal, em alguns entes há a previsão da prorrogação do prazo de posse por mais trinta dias se necessário, como neste caso:

> Publicado em Diário Oficial o ato de nomeação, o nomeado tem o prazo de 30 (trinta) dias, contados dessa publicação, para tomar posse; esse prazo poderá ser prorrogado por mais 30 (trinta) dias, se o nomeado requerer essa prorrogação, antes de vencido o prazo inicial.

Dessa forma, se você passar em um concurso público federal, antes de optar por realizar os exames médicos exigidos na rede pública de saúde tenha em mente que há o risco real de os resultados dos mesmos não lhe serem entregues em tempo hábil para que você os entregue quando da realização da inspeção médica oficial, como exigido. No entanto, se você passar em um concurso público estadual ou municipal, antes de escolher a rede pública de saúde para fazer os exames exigidos, tenha o cuidado de verificar com exatidão se o órgão oferece a extensão do prazo para entrega dos resultados dos exames caso não fiquem prontos antes de trinta dias e se essa extensão é automática ou precisa ser requerida por via própria.

31

O órgão ou entidade para o qual eu fui aprovado em concurso público pode impedir a minha posse caso eu não seja aprovado no exame físico ou mental? Não tenho direito líquido e certo?

Não confunda as coisas, concurseiro!

O direito líquido e certo é dado somente ao candidato aprovado dentro do quantitativo de vagas estabelecido no edital do concurso e esse direito se refere somente à **nomeação** para o cargo público. Não tem relação alguma com a **posse** do cargo, que depende do preenchimento dos requisitos básicos estabelecidos em lei.

Se, porventura, você, candidato aprovado no concurso público, for considerado **inapto** no exame físico ou mental, a Administração Pública, obedecendo aos comandos da lei, não poderá empossá-lo.

Mas não se preocupe! A Administração Pública não reprova todo mundo por qualquer coisa nesses exames. Ela deve obedecer a um princípio muito importante e muito aplicado no Direito Público: o Princípio da Razoabilidade.

Ser razoável é fundamental para que a habilitação ou inabilitação do candidato aprovado seja considerada válida. Não é razoável a reprovação de um candidato que possui problemas de visão quando esse problema pode ser corrigido com óculos ou lentes. Cada caso é um caso!

Mas é razoável a reprovação de uma pessoa que tem problemas graves de coluna e foi aprovado para um cargo de agente de segurança de determinado órgão, uma vez que esse cargo exige que seu ocupante permaneça por grandes quantidades de tempo em pé, o que poderia agravar a saúde da pessoa e prejudicar a correta execução do trabalho de segurança.

De qualquer forma, se você entender que foi injustamente reprovado em um desses exames, nada o impede de ingressar com um pedido de recurso administrativo ou mesmo uma ação judicial para reverter a suposta falta de razoabilidade.

Só para consolidar o que foi exposto, relaciono abaixo o que diz o art. 14 da Lei nº 8.112/1990, para o caso particular do Poder Executivo Federal:

> Art. 14. A posse em cargo público dependerá de prévia inspeção médica oficial.
> Parágrafo único. Só poderá ser empossado **aquele que for julgado apto física e mentalmente** para o exercício do cargo.

32. Quais são os títulos geralmente aceitos para a prova de títulos? Como terei certeza de que eles serão aproveitados?

A denominada "prova de títulos" é uma espécie de avaliação compreendida no processo seletivo necessária ao ingresso normal em cargos públicos. É uma etapa de natureza classificatória e complementar ao concurso, que compreende critérios de razoabilidade, impessoalidade, proporcionalidade e que sempre visa ao interesse público. Não é realizada de forma autônoma, até mesmo porque a fase necessária de qualquer concurso compreende uma prova, seja ela de natureza objetiva ou discursiva.

Essa fase de comprovação de títulos possui o caráter classificatório, pois, caso apresentado, o título pode definir a posição do candidato diante de seus concorrentes e, consequentemente, se ele conseguirá a vaga ou não. Deve ser razoável, porque não há que se exigir doutorado em Direito para um cargo de nível médio de escolaridade, por exemplo. Deve ser impessoal, porque o Poder Público não pode desprezar o preparo de candidatos a determinado cargo e favorecer a outros exclusivamente por causa da posse ou não de certos títulos. Finalmente, a exigência de posse de títulos deve ser proporcional ao que o cargo requer, nunca exigindo aquém ou além das atribuições desse cargo. O Poder Público precisa buscar sempre o interesse público, isto é, o que for melhor para os interesses da coletividade, escolhendo candidatos que possuam melhor experiência para o exercício da vaga que se deseja preencher por meio do concurso público.

Diante da possível existência de uma fase classificatória de comprovação da posse de títulos, o concurseiro precisa ficar atento. Sabemos que, com o preparo cada vez mais competitivo, milésimos de nota definem se o candidato conseguirá a vaga ou passará outra oportunidade estudando, sem a posse em mãos. Ressalte-se que o título, em si, não tem o poder de aprovar ou reprovar o candidato, e sim de colocá-lo à frente na disputa, por causa dos pontos que a organização do concurso atribuirá à sua existência e apresentação, na ocasião e prazo previamente estipulados.

Os títulos são definidos em campo específico do edital, no qual também se declara a pontuação que cada um deles conferirá, uma vez apresentado e aceito pela organização do certame. Eles variam conforme o concurso, e no caso de exames de seleção da área jurídica, os mais comuns são: experiência profissional – pública ou privada – na área de interesse do Poder Público contratante; aprovação em outro concurso público; investidura em outro cargo público de natureza permanente; publicação de livro ou artigo em revista especializada; e certificado de conclusão de pós-graduação, mestrado ou doutorado, em área de interesse do cargo que se disputa.

Uma vez que essa fase é de *análise de títulos*, cada um deles deve comprovar, de modo suficiente, os requisitos exigidos no edital para serem tidos como válidos, indicando-se procedência e autenticidade no corpo do próprio título. Se válidos perante a organização do certame, eles passam a contar pontos para a classificação do candidato, e alteram a posição deste frente aos demais. Caso haja alguma irregularidade nessa contagem de pontos, o candidato deverá recorrer à organização do concurso e buscar a devida correção.

Nota-se, então, que os títulos são importantes, mas o imprescindível é se preparar e buscar a melhor pontuação possível nas provas, para não depender de pontos conquistados por títulos e ser mais bem classificado no exame.

> **As provas de títulos nos concursos estão mudando.**
>
> Antigamente, as provas de títulos atribuíam pontos para aprovação em outros concursos. Hoje em dia, valoriza-se quem tem um curso de graduação diferente da profissão pleiteada, cursos de pós-graduação *lato sensu* e *stricto sensu*. Busca-se pontuar também a experiência profissional pretérita e o exercício profissional no funcionalismo público. Isso traduz uma mudança de perfil no funcionalismo público.

33 | Como comprovar a prática jurídica nos concursos de magistratura, ministério público, defensorias públicas e outros que exigem esse pré-requisito?

Como hoje é sabido, muitos dos concursos para as funções típicas de Estado, ou seja, aqueles que envolvem responsabilidades maiores que a média das carreiras, estão exigindo experiência para o ingresso na carreira. São exemplos típicos a magistratura, os cargos de promotor de justiça, procurador da república, algumas defensorias públicas etc.

Apesar de se ter noção da finalidade de se requerer experiência para tais carreiras, muitas são as dúvidas sobre o preenchimento dos requisitos; trocando em miúdos, aquilo que cada concurso considera como efetiva experiência.

De antemão, advertimos que o exercício da prática jurídica é benéfico para constituir um profissional amadurecido do ponto de vista acadêmico e, também, sob a ótica da vivência de um modo amplo. Afinal, esses profissionais lidarão com a enorme responsabilidade de determinar prisões, reconfigurar famílias, desbaratar quadrilhas, atuar no meio ambiente etc. A influência sobre a vida de nossa sociedade é enorme. A maturidade exigida para esses cargos deve ir muito além da simples formação da faculdade.

Por isso, cada concurso, dentro do seu perfil de exigência, vai aceitar um tipo de atividade jurídica. Entre elas, é unânime a aceitação da prática da advocacia. Entretanto, há algumas particularidades. Algumas defensorias aceitam como prática jurídica, por exemplo, o tempo exercido como estagiário, na época do curso de graduação, dentro da instituição. A defensoria pública da união considera como prática jurídica o tempo de trabalho voluntário exercido, dentro da instituição, por bacharéis em direito. No concurso da magistratura, há casos de concursos estaduais em que o exercício da atividade de juiz leigo é considerado como prática jurídica.

Há, também, a possibilidade de haver cômputo da prática jurídica por meio da cópia de carteira de trabalho (CTPS) que comprove vínculo empregatício em atividade privativa de bacharel em direito.

Existe, ainda, uma saída para o caso dos militares e servidores públicos que não podem exercer a advocacia por serem impedidos. Caso os cargos exercidos sejam privativos de bacharel em direito, o requisito está preenchido. Basta comprovar os anos de serviço na atividade. No caso de o cargo não ser de atividade jurídica, esses candidatos podem, por exemplo, comprovar atividade de docência em cursos de graduação em direito.

É muito importante que o candidato fique atento ao edital, às resoluções das instituições que promovem os concursos e à Resolução nº 75, de 12 de maio de 2009, do Conselho Nacional de Justiça, no caso dos concursos de magistratura.

Muito importante é ressaltar que, se você é advogado(a) e já atuou em diversos processos nos últimos três anos (e guardou cópia do protocolo dessas peças), faça um pedido de certidão nos tribunais onde você atuou. Se você atuou dentro do Tribunal de Justiça do Estado do Rio de Janeiro, por exemplo, deve fazer o pedido desse documento na Corregedoria Geral de Justiça (Rua Erasmo Braga, 115/sala 710 – Centro). Saiba que é preciso recolher um GRERJ (Guia de Recolhimento de Receita Judiciária) no valor de R$ 13,87 para dar entrada no requerimento. Se você atuou no âmbito da Justiça Federal do Rio de Janeiro, por exemplo, deve-se procurar o setor de Certidões da Seção Judiciária da cidade do Rio de Janeiro (Av. Venezuela, 134/ 9º andar – Centro). Feitos os pedidos, os documentos levam de três a cinco dias para ficarem prontos. Fique atento(a) e faça seu requerimento com antecedência para não ter problemas.

Feito isso, é só continuar estudando!

34 Empregado celetista tem os mesmos direitos do estatutário? Afinal ambos são servidores públicos...

Desde a promulgação da atual Constituição da República, em 1988, até a edição da Emenda Constitucional nº 19, de 1998, o regime de contratação para o serviço público era apenas o estatutário, sendo os servidores submetidos ao estatuto comum, denominado Regime Jurídico Único (RJU). Após essa emenda, a Administração Pública, baseada em critérios de conveniência e oportunidade, poderia (caso estivesse em vigor o art. 39 da Constituição[1]) adotar tanto o regime estatutário quanto o celetista – isto é, regido pela Consolidação das Leis do Trabalho (CLT: Decreto-Lei nº 5.452/1943) – para a contratação de servidores, mantendo-se, porém, a exigência de concurso público.

Se o Poder Público adotar regime diverso do estatutário no momento do processo seletivo e consequente contratação, o servidor fica sujeito às leis trabalhistas, que incluem observância do contrato de trabalho e de todas as suas características. Assim, embora mantenha a condição de servidor público, o celetista tem os mesmos direitos e limitações do empregado da iniciativa privada. Um dos primeiros efeitos é a perda da estabilidade, que para o celetista ocorre em circunstâncias específicas e em caráter temporário, como é o caso do dirigente sindical, do trabalhador investido em cargo de chefia e da gestante. Outro efeito é a perda de determinadas verbas e garantias remuneratórias, como a aposentadoria integral e os adicionais que não sejam previstos no contrato de trabalho.

Não há possibilidade de se converter um contrato de trabalho celetista em outro de natureza estatutária, uma vez que a admissão no serviço público, conforme o Regime Jurídico estatutário, é feita mediante concurso público no qual o regime em questão foi definido. O contrário também é verdadeiro, isto é, a conversão de estatutário para celetista não pode ocorrer, pois isso implicaria a perda de garantias conferidas ao servidor público estatutário.

---

[1] A presente análise é feita **como se o art. 39 da CF/1988 estivesse em vigor**, vigência essa que não vale hoje em dia, pelo menos até o fechamento desta edição. A possibilidade de adoção do regime celetista pela Administração Pública é objeto de impugnação no Supremo Tribunal Federal pela Ação Direta de Inconstitucionalidade (ADI) nº 2.135-4, que, por meio de decisão liminar em medida cautelar, suspendeu a eficácia desse artigo, restaurando a figura do Regime Jurídico Único para os servidores civis da União. Essa decisão, entretanto, é provisória; se revogada, a redação do art. 39 dada pela EC nº 19/1998 passa a vigorar novamente, recriando a distinção entre "servidores públicos estatutários" e "empregados públicos".

Ainda que haja suposto prejuízo com a adoção de um regime celetista de contratação no serviço público, o servidor tem a expressiva vantagem de estar empregado. Caso queira migrar para uma melhor condição, o concursado pode aspirar a outro cargo, desta vez estatutário, preparando-se convenientemente para disputá-lo.

➡ **O Brasil só oficializou o concurso público por meio da Constituição de 1934.**

Essa determinação consta expressamente para os integrantes do Ministério Público (art. 95, § 3º), juiz de 1ª instância, para os Estados, Distrito Federal e Territórios (art. 104, a), magistério oficial (art. 158, *caput*) e funcionários públicos em geral (art. 169, *caput*, e art. 170, nº 2). Nesse texto menciona-se garantias como a estabilidade, possível perda de cargo apenas por meio de processo administrativo, em alguns casos da vitaliciedade, dentre outros direitos.

35 | Quais as especificidades dos concursos públicos para cargos provenientes dos Tribunais?

Estudar para concursos cujos cargos concorridos são provenientes dos Tribunais Estaduais e dos Tribunais Superiores tem suas especificidades. Isso porque as matérias e as modalidades de prova exigem que o concurseiro se prepare de maneira diferenciada ou reserve tempo hábil para manejar atitudes que sirvam a essas necessidades.

Dessa forma, é imprescindível notar que os cargos de analista judiciário (em suas mais variadas áreas de atuação), que prescindem de conhecimentos técnicos e são privativos a determinados âmbitos de atuação profissional, necessitam de conhecimento aprofundado dos textos legais pertinentes às disciplinas (e, conforme a banca examinadora, de conhecimentos doutrinários e jurisprudenciais), além de não raras vezes trazerem modalidade de prova em que conste a resposta a perguntas subjetivas ou a criação de uma dissertação sobre um tema variado e concernente à atribuição da Instituição.

Por isso é importante que o concurseiro que deseja concorrer a uma dessas vagas reserve tempo de estudo para a leitura de artigos de lei e pratique muita redação, estando consciente de que as respostas têm **número de linhas delimitado**. **É necessário** treino para que se mantenha a logicidade da resposta com um **número de linhas previamente fixado**.

Não deixe de avaliar o sistema de provas contido no edital e as provas anteriores dos concursos do órgão e da banca examinadora responsável. Leia o edital e reflita sobre a melhor forma de atuação quanto ao sistema de cálculo de acertos e erros (conforme o caso) e faça muitas redações considerando as temáticas polêmicas e as áreas de atuação da Instituição em que deseja pleitear uma vaga. Antecipe-se e tenha paciência. Certamente toda a preparação lhe trará bons frutos.

36 É melhor focar em apenas um concurso público ou prestar vários para aumentar as chances de passar?

Essa é uma dúvida muito comum entre quem estuda para concursos públicos. Afinal de contas, qual a melhor estratégia, estudar apenas para um único concurso público específico ou estudar de forma, digamos, genérica para diversos concursos ao mesmo tempo? Antes de procurarmos responder a essa questão, analisemos rapidamente cada uma dessas estratégias.

Estratégia do Atirador de Elite – Assim como um atirador de elite foca toda sua atenção em apenas um alvo e treina exaustivamente para dar um único tiro certeiro, nessa estratégia o concurseiro tem como alvo um concurso público específico e estuda exclusivamente para ele, a fim de maximizar suas chances de aprovação em tal certame. Se, de um lado, essa estratégia permite uma especialização do concurseiro em um concurso público em especial (o que, é claro, aumenta sensivelmente suas chances de aprovação), por outro lado limita as vezes em que poderá disputar vagas oferecidas em outros concursos. Não é difícil que um concurso seja repetido apenas dois ou três anos após o último que foi realizado, mas haveria grande potencial de atrasar um tanto mais a aprovação.

Estratégia da Tropa de Elite – Tropa de Elite é um termo normalmente utilizado para designar unidades militares com treinamento excelente e armamento superior, destinadas a agir de forma decisiva em ações militares específicas. Segundo essa estratégia o concurseiro deve estudar um conjunto significativo de matérias que em geral são cobradas em concursos para uma área específica (fiscal, tribunais, administrativa etc.), para que possa, dessa forma, prestar vários concursos nessa área, necessitando apenas estudar adicionalmente algumas matérias específicas que variam de concurso para concurso. A vantagem dessa estratégia é a possibilidade de passar mais rapidamente, uma vez que vários concursos serão feitos ao longo do ano. A principal desvantagem está na necessidade de estudar várias matérias "exóticas" que, não poucas vezes, são cobradas apenas em um ou outro certame.

Pois bem, não podemos dizer que uma estratégia é melhor que a outra, visto que ambas têm vantagens e desvantagens. Tudo vai depender do objetivo final do concurseiro e também da estratégia a que ele melhor se adapte. Vejamos.

Objetivo final – Se o objetivo final for passar em apenas um concurso específico (AFRF, Promotoria etc.) e o concurseiro pode se dar ao luxo de estudar o tempo necessário para passar no concurso destinado a esse cargo, então a melhor estratégia, nesse caso, será a do atirador de elite. Se, ao contrário, o concurseiro tiver como meta apenas trabalhar em uma área específica da Administração Pública, não importando o cargo (área administrativa, fiscal etc.), ou não se importar em trabalhar em outros cargos/áreas até passar no cargo que tem como objetivo final, então poderá muito bem lançar mão da segunda estratégia.

Afinidade pessoal – A escolha da melhor estratégia de estudo também depende da afinidade pessoal do concurseiro com cada uma delas. Há pessoas que não encontram problemas em adotar a primeira estratégia, algumas até preferem adotá-la, pois não se adaptam à segunda. Outras pessoas são exatamente o contrário. Algumas ainda podem utilizar qualquer uma das estratégias apresentadas.

Pois bem, considerando tudo o que foi exposto, não há como responder de forma definitiva se é melhor focar em apenas um concurso público ou prestar vários para aumentar as chances de passar. No final das contas, a melhor estratégia a ser adotada será aquela compatível com a afinidade pessoal de cada concurseiro e mais adequada para ajudá-lo a atingir suas metas.

37. Prestei um concurso público e acertei o número mínimo de questões previsto no edital, isso significa que passei no concurso e serei chamado para tomar posse do cargo?

Infelizmente as coisas não são assim tão fáceis. Se acertar o número mínimo de questões previsto nos editais para classificação fosse suficiente para garantir a posse em cargo público, não seria necessário tanto estudo para se tornar servidor público.

O número mínimo de acertos para classificação em concursos públicos é o limite mínimo aceitável na demonstração de conhecimentos, que são as provas exigidas para a pessoa que tem a expectativa de ser nomeada e empossada em cargo público. No entanto, o número de vagas oferecido nos concursos públicos é limitado e, por maior que seja, é ínfimo diante do grande número de candidatos que fazem pelo menos o mínimo de acertos previsto nos editais.

Para garantir a nomeação e a posse em cargo público é preciso fazer muito mais do que acertar apenas o mínimo para a classificação no certame: é preciso ter como meta classificar-se dentro do número de vagas previsto no edital. Ilustraremos com um exemplo. Digamos que um concurso oferece 20 vagas no edital, tenha prova de 100 questões e que o mínimo de acertos para a classificação seja de 50%. Acertar 51 questões o classificará para esse concurso, mas se 1.000 pessoas também forem classificadas, com toda certeza você não está entre os 20 primeiros colocados que efetivamente têm direito à nomeação e à posse.

38 Perdi minha carteira de identidade. E agora, como vou fazer a prova?

"É melhor prevenir do que remediar."

(Ditado Popular)

Acho que o pior pesadelo de qualquer concurseiro é, sem dúvida alguma, a questão de estar muito bem preparado para a prova do concurso, mas, por uma fatalidade, acontecer algo como adoecer ou perder, por qualquer motivo, o documento de identidade justamente no dia do concurso. De vez em quando ouvimos alguma historia sobre isso, não é mesmo?

Inicialmente, vejamos o que diz o tópico de um edital de concurso público (da FCC), que trata especificamente desse assunto:

(...)

9. **Somente será admitido à sala de provas** o candidato que estiver portando **documento de identidade original** que bem o identifique, como:

- Carteiras e/ou Cédulas de Identidade expedidas pelas Secretarias de Segurança Pública, pelas Forças Armadas, pela Polícia Militar, pelo Ministério das Relações Exteriores;
- Cédula de Identidade para Estrangeiros;
- Cédulas de Identidade fornecidas por Órgãos ou Conselhos de Classe que, por força de Lei Federal valem como documento de identidade, como por exemplo, as da OAB, CREA, CRM, CRC etc.;
- Certificado de Reservista;
- Passaporte;
- Carteira de Trabalho e Previdência Social;
- Carteira Nacional de Habilitação (com fotografia, na forma da Lei nº 9.503/97).

9.1. Os documentos deverão estar em perfeitas condições, de forma a **permitir, com clareza, a identificação do candidato**.

9.2. Caso o candidato esteja **impossibilitado de apresentar**, no **dia de realização das provas**, documento de identidade original, **por motivo de perda, roubo ou furto**, deverá ser apresentado **documento que ateste o registro da ocorrência em órgão policial**, expedido há, no **máximo, 30 (trinta)**

dias, sendo então submetido à identificação especial, compreendendo coleta de dados, de assinaturas e de impressão digital em formulário próprio.
9.3. **A identificação especial** será exigida, também, do candidato cujo **documento de identificação gere dúvidas quanto à fisionomia, assinatura ou à condição de conservação do documento.**

Portanto, como atesta o próprio edital, além de todos os documentos acima citados (originais), é perfeitamente possível fazer a prova com um simples **"Boletim de Ocorrência" (BO)**, que poderá ser expedido em qualquer delegacia da área em que você perdeu, ou que esteja residindo no momento (casa, hotel etc.).

É recomendável também a leitura de todo o edital, antes mesmo da sua inscrição. Dessa maneira, terá todas as informações caso venha a precisar em situações de emergência.

Importante! Quando for viajar para prestar concurso em outra cidade, leve pelo menos dois documentos de identidade guardados em locais diferentes. Exemplo: coloque a carteira de identidade e/ou a de motorista no bolso da roupa ou na bolsa; e a carteira de trabalho ou a carteira profissional (OAB, CREA, CRM etc.) na mala ou na mochila. Dessa forma, será quase impossível perder ao mesmo tempo dois documentos.

⊃ Cartão de Confirmação de Inscrição

Contém os dados do candidato, além de data, local e horário da prova. É disponibilizado poucos dias antes da prova, no próprio site da organizadora do concurso. Torna-se imprescindível a sua leitura dias antes da prova.

39 | Não tenho todos os documentos exigidos para tomar posse de um cargo ou emprego público, o que devo fazer?

Assim como o concurseiro deve apresentar os resultados de uma série de exames de saúde, a fim de tomar posse no cargo ou emprego público conquistado, ele também deve apresentar uma lista, geralmente ampla, de documentos pessoais.

Vejamos o que diz uma carta de orientação para recém-nomeados de um órgão público federal sobre o assunto:

> 3. DA APRESENTAÇÃO PARA POSSE
>
> 3.1. O candidato nomeado, depois de submetido à inspeção médica oficial, e considerado apto ao exercício do cargo, poderá apresentar-se, às suas expensas, nos termos dos arts. 13, 14 e 15 da Lei nº 8.112, de 11 de dezembro de 1990, para a posse e o exercício, desde que cumpridas todas as formalidades legais relativas à documentação.
>
> 3.2. Deverão ser apresentados os seguintes documentos pessoais (original e cópia) e declarações:
>
> a. Certidão de Registro Civil (nascimento ou casamento);
> b. Certidão de Nascimento dos dependentes;
> c. Certificado de reservista ou de dispensa das obrigações militares;
> d. Cédula de Identidade;
> e. CPF;
> f. Título eleitoral com comprovante de votação da última eleição, ou justificativa eleitoral;
> g. Cartão de Inscrição do PIS/PASEP (se cadastrado no Programa);
> h. Comprovante de Primeiro Emprego (se tiver);
> i. Comprovante de Escolaridade, conforme item 2 do Edital;
> j. Comprovante de Registro Profissional (para os cargos que exigirem);
> k. Duas (02) fotografias 3x4 (recentes);
> l. Comprovante de conta corrente;
> m. Declaração de Imposto de Renda (todas as páginas e o recibo de entrega) ou Declaração de Isento;
> n. Declaração de Bens e Renda;
> o. Comprovante de endereço: conta de água, luz, telefone fixo, contrato de locação de imóvel ou declaração de residência;

p. Declaração quanto ao exercício ou não de outro cargo, emprego ou função pública;
q. Declaração de Idoneidade;
r. Currículo (dados do sistema de convocação);
s. Formulário de Cadastro de Benefícios;
t. Formulário Plano de Assistência a Saúde;
u. Comprovante da perícia médica oficial (apto).

Note que a lista de documentos emitida pelo órgão ou entidade onde você tomará posse requer a apresentação obrigatória dos originais. Por esse exato motivo, é muito importante que mesmo antes de passar em qualquer concurso, o concurseiro já tenha montado um "kit" com os documentos comumente exigidos para posse em cargos públicos. Se o concurseiro tiver como meta concursos específicos, deve ter também nesse "kit" exatamente os documentos exigidos dos empossados no último concurso realizado pelo órgão ou entidade.

Agora, e se o concurseiro não tem algum dos documentos exigidos ou o mesmo tenha sido perdido, roubado, extraviado? Tendo em vista que no âmbito federal o concurseiro tem trinta dias após a publicação de sua nomeação para ser empossado, esse é o prazo que tem para apresentar tais documentos, considerando-se, claro, que tenha passado na inspeção médica oficial. No âmbito estadual e municipal, muitos entes preveem a extensão do prazo para posse em mais trinta dias quando solicitado pelo canal competente, o que dá um tempo a mais para o concurseiro providenciar os documentos que faltam.

Mas e se não der tempo para o(s) novo(s) documento(s) ser(em) entregue(s) ao concurseiro? Nesse caso é possível que os documentos faltantes sejam substituídos pelos protocolos de solicitação destes, uma vez que a não apresentação se deve aos prazos da Administração Pública para a expedição de novos documentos.

E se os documentos foram roubados, furtados, perdidos ou extraviados às vésperas do final do prazo para posse? Nesse caso será necessário que o concurseiro apresente pelo menos o Boletim de Ocorrência informando às autoridades policiais o fato e, se possível, também os protocolos de solicitação de novas vias de tais documentos.

40 | Fui aprovado em um concurso público de nível superior que exige curso de formação, mas o meu diploma ainda não foi expedido. Eles podem recusar minha matrícula no curso de formação?

Ao frequentar os fóruns de discussão sobre concursos públicos notamos que quando os candidatos vão escolher um concurso que tem curso de formação, sempre surge a dúvida sobre a exigência do diploma de nível superior para a matrícula.

A pergunta tem uma reposta muito simples. Apesar de ser recomendável que você faça o concurso de nível superior já tendo o diploma em mãos, a posse deste não é um pré-requisito para fazer as provas. Você pode, sim, fazer um concurso de nível superior sem ainda ter o curso concluído. E mais: a exigência para apresentação do diploma só pode existir na ocasião da posse no cargo, como determina a lei e os editais dos concursos. Como o curso de formação é uma etapa de seleção do candidato à vaga para o cargo público, a organizadora não pode exigir esse documento como requisito para a matrícula no curso.

É claro que depois dessa fase da seleção, após a homologação do concurso, vem a nomeação e, em seguida, a posse. No dia da posse não tem jeito... Ou você tem o diploma e apresenta no setor de recursos humanos do órgão ou entidade ou pode dar adeus ao cargo público porque nessa fase a apresentação do diploma é requisito para que o ato administrativo da posse tenha todos os seus efeitos.

Caso a organizadora venha a exigir o diploma para a matrícula no curso de formação, o candidato pode (entenda-se, **deve**) procurar fazer valer os seus direitos. Procure um advogado, ou mesmo a defensoria pública do seu estado e entre com um mandado de segurança.

Não se deixe enganar, concurseiro! Exija os seus direitos.

41

Penso em prestar concurso jurídico, mas estou no último semestre da faculdade de Direito e temo não poder apresentar meu diploma a tempo de assumir a vaga, caso eu passe. Como devo proceder, se eu for aprovado?

O tempo certo de exigência de diploma, o certificado de conclusão de curso superior, é uma dúvida tão tormentosa que atualmente se encontra como parte integrante da jurisprudência sumulada do Superior Tribunal de Justiça. Essa corte declara, no teor da Súmula nº 266: "*O diploma ou habilitação legal para o exercício do cargo deve ser exigido na posse e não na inscrição para o concurso público*".

Já começamos a ter um parâmetro a respeito da questão: o diploma, ou habilitação legal, só podem ser exigidos no momento da posse. Logo, até o momento da posse, não se pode requerer, do candidato, a apresentação desse documento para fins de inscrição – preliminar ou definitiva – ou participação em fases do concurso que necessitem da comprovação de que ele possui a habilitação docente necessária para o exercício do cargo. Isto quer dizer que, se a banca quiser barrar a inscrição de determinado candidato que está em processo de conclusão do curso superior, ela estará agindo de modo equivocado, e essa decisão pode ser afastada liminarmente através de mandado de segurança. A habilitação legal a que a súmula se refere é entendida, por exemplo, como a carteira de inscrição na Ordem dos Advogados do Brasil (OAB), única capaz de conferir ao seu portador a condição de advogado. Essa exigência é salutar, pois não há como se conferir um cargo a pessoa não habilitada ao seu exercício: como nomear, por exemplo, um delegado da polícia civil, sendo que ele não comprovou habilitação como bacharel em Ciências Jurídicas?

Agora, e se até a data da posse o diploma ou habilitação legal não forem expedidos, por falha da instituição de ensino, alguma certidão expedida pela mesma possui a mesma validade? Não. O registro de diploma ou habilitação legal segue trâmite próprio de registro em instituição federal de ensino e, enquanto isso não ocorre, o formando não é, oficialmente, bacharel no curso que realizou. Em virtude da demora desse registro – que pode levar meses – a prática da maioria das instituições é emitir um certificado de conclusão de curso; a organização do certame, entretanto, não é obrigada a aceitar o certificado, sendo este um mero ato administrativo da instituição de ensino que não contém o devido registro, e por isso não possui o mesmo peso de validade do diploma, este sim emitido somente após o competente registro. E não adianta mover ação tendente a comprovar que o candidato eventualmente prejudicado cumpriu todo o programa do curso, frequentou todas as aulas, que participou da cerimônia de colação de grau, ou mesmo que obteve declaração de que o curso foi realizado: o meio hábil para se comprovar a habilitação é o diploma. Havendo atraso injustificável da instituição, com consequente perda da posse em cargo público, pode-se propor contra ela eventual ação de indenização, por conta dos prejuízos percebidos.

Vale lembrar que o registro de diploma só é conferido a instituições de ensino oficialmente reconhecidas pelo Ministério da Educação e Cultura (MEC), pelas Secretarias ou Conselhos Estaduais de Educação, responsáveis pelo credenciamento e avaliação da qualidade de ensino ministrado nessas instituições. Se o curso não se encontra reconhecido, não haverá diploma e, por consequência, o candidato não poderá tomar posse do cargo que disputa, a menos que resolva esse impasse durante o processo seletivo.

Logo, para tomar posse – e apenas nessa circunstância – a banca pode exigir a apresentação do diploma ou habilitação legal necessário para o exercício do cargo. Na falta dele, o candidato é considerado insuficiente e é eliminado do processo seletivo.

42 | Estou empregado e acabei de saber que passei em um concurso público. Devo pedir demissão imediatamente?

Como diz o velho e sábio ditado popular, "vamos devagar com o andor que o santo é de barro", ou seja, em situações delicadas é prudente não apressar as coisas sob o risco de sofrer graves danos posteriores.

Para início de conversa, "passei em concursos públicos" pode não significar muita coisa: tudo depende da classificação obtida. Por exemplo, se em determinado concurso público são oferecidas 20 vagas e você ficou classificado na 192ª posição, são ínfimas as chances de você ser convocado para tomar posse. Situação muito diferente é se você tiver passado na 15ª posição.

É também necessário se ter em mente que, legalmente, a aprovação em concurso público não gera direito à nomeação e à posse, mas apenas expectativa de direito a elas. Ou seja: em princípio, a Administração Pública não está obrigada a nomear e empossar qualquer dos classificados nos concursos públicos que promover. Em que pese as jurisprudências recentes tanto do Supremo Tribunal Federal (STF) quanto do Superior Tribunal de Justiça (STJ) caminharem em sentido significativamente diverso, inclusive já havendo no entendimento de alguns a existência de jurisprudência que garanta legalmente o direito à nomeação e posse dos candidatos classificados dentro do número de vagas previstas nos editais dos concursos públicos, tal não é um entendimento pacífico.

O que mais importa nessa questão, no entanto, é o fato de que em geral o intervalo de tempo entre a publicação dos resultados finais dos concursos públicos e a efetiva nomeação e posse dos candidatos classificados é bastante grande, podendo ser meses ou até mesmo anos. Também em geral a nomeação e posse se dá a "conta-gotas", ou seja, os classificados vão sendo nomeados e empossados aos poucos, quase nunca de uma vez só.

Tomemos duas situações hipotéticas para entendermos melhor a questão.

Situação 1 – Concurseiro empregado na iniciativa privada que passa em concurso público dentro do número de vagas do edital.

Apesar de ter a posse praticamente garantida no cargo em que passou, nunca se sabe quando sua nomeação será publicada. Tal poderá se dar semanas ou anos após a divulgação dos resultados. Nesse cenário de incerteza, pedir demissão imediatamente do emprego na iniciativa privada se mostra uma opção um tanto tresloucada, mas não impossível. Digamos que o concurseiro tenha uma boa poupança e esteja disposto a usá-la para se manter e pagar as contas enquanto aguarda a posse, tempo esse que prefere dedicar ao ócio ao invés do trabalho. Bem, essa é uma decisão que somente ele poderá tomar e se decidir tomá-la, ninguém poderá impedi-lo, apesar de ser uma decisão pouco racional.

Situação 2 – Concurseiro empregado na iniciativa privada que passa em concurso público fora do número de vagas do edital.

Pois bem, essa situação pode ser subdividida em duas "subsituações", digamos assim. De um lado temos aqueles que passam fora do número de vagas, mas numa classificação que lhe permita nutrir esperanças de ter uma boa surpresa caso o número de vagas oferecidas em tal concurso seja aumentado posteriormente (geralmente o aumento de vagas é de até 50% das vagas previstas no edital). De outro lado temos os que passam no concurso, mas numa classificação tão distante do número de vagas previsto no edital que elimina qualquer esperança de nomeação e posse.

Pois bem, para os primeiros temos que pedir demissão do emprego na iniciativa privada é uma atitude de muita fé ou muita ingenuidade, visto que não há garantia alguma do aumento do número de vagas oferecidas em qualquer concurso público que seja. Para os segundos, bem, pedir demissão do emprego na iniciativa privada é idiotice pura misturada com ingenuidade ao extremo, uma vez que não há chance alguma de ser nomeado e empossado.

Diante disso, alertamos para que ao passar em algum concurso público você não cometa a insensatez de se demitir imediatamente. Tenha sempre em mente que mesmo se passar em primeiro lugar em algum concurso, a espera até ser nomeado e empossado pode ser longa e dolorosa, algo que somente será agravado pela falta de dinheiro.

43

Sou recém-formado em Direito, passei com grande dificuldade no exame da OAB, mas quero seguir a carreira pública. É verdade que não poderei usar minha OAB para advogar, nem que seja em causa própria, se eu for investido em cargo público permanente?

Um dos grandes dilemas de muitos concurseiros da área jurídica é este: prestar concursos ou realizar o exame da Ordem dos Advogados do Brasil, para conseguir seu registro profissional. O raciocínio mais comum é alegar que se perde tempo para passar na OAB e, em seguida, ter de entregar a carteira conquistada com tanto sacrifício, uma vez que a advocacia não é compatível com o exercício de uma função pública.

Em nosso entendimento, não há problema, senão um ganho de experiência e financeiro para quem assume temporariamente uma banca de advocacia, enquanto se dedica aos processos seletivos. O bacharel em Ciências Jurídicas pode exercer, durante algum tempo até passar em concurso, determinado serviço na área advocatícia, a fim de adquirir experiência para o exercício de seu futuro cargo. Experiência, inclusive, passou a ser um pré-requisito para cargos como a Magistratura e o Ministério Público, na qualidade de "atividade jurídica". Ou seja, manter uma atividade como a advocacia durante certo tempo e preparar-se convenientemente para concursos é algo recomendável. Ainda que a atividade jurídica possa ser comprovada por outros meios, a advocacia promove uma boa vivência para o profissional do Direito, pois o coloca à frente de uma série de tarefas que só se aprendem no dia a dia e ampliarão seu poder de tomar decisões no futuro cargo.

De fato, a advocacia é incompatível com funções públicas, *mesmo em causa própria*. Os cargos, enumerados pelo Estatuto da Advocacia e pela OAB, são:
- Chefe do Poder Executivo e membros da Mesa do Poder Legislativo e seus substitutos legais;
- Membros de órgãos do Poder Judiciário, do Ministério Público, dos tribunais e conselhos de contas, dos juizados especiais, da justiça de paz, juízes classistas, bem como de todos os que exerçam função de julgamento em órgãos de deliberação coletiva da administração pública direta e indireta;

- Ocupantes de cargos ou funções de direção em Órgãos da Administração Pública direta ou indireta, em suas fundações e em suas empresas controladas ou concessionárias de serviço público;
- Ocupantes de cargos ou funções vinculados direta ou indiretamente a qualquer órgão do Poder Judiciário e os que exercem serviços notariais e de registro;
- Ocupantes de cargos ou funções vinculados direta ou indiretamente a atividade policial de qualquer natureza;
- Militares de qualquer natureza, na ativa;
- Ocupantes de cargos ou funções que tenham competência de lançamento, arrecadação ou fiscalização de tributos e contribuições parafiscais;
- Ocupantes de funções de direção e gerência em instituições financeiras, inclusive privadas (art. 28, *caput*, Lei nº 8.906/1994).

Antes de o advogado ser investido em cargo público permanente, ele deve providenciar a entrega de sua carteira da OAB na seccional a qual pertence seu registro. Esta será cancelada, e não há possibilidade de conservação do número original, caso ele venha a solicitar sua reinclusão nos quadros da Ordem. Se mesmo depois de empossado ele tentar advogar, em causa própria ou em favor de terceiro, seus atos são considerados nulos, e ele pode responder civil, criminal e administrativamente pelo que praticar de forma irregular.

Dessa forma, o bacharel em Direito que for empossado em cargo público permanente perde seu registro, não podendo advogar nem em causa própria, mas pode recuperá-lo, caso queira, quando deixar o serviço público.

Nos Estados Unidos, o membro do Ministério Público é eleito, não concursado.

Na maior parte dos estados o candidato a promotor de justiça precisa passar por uma eleição, assim como na escolha de candidatos a cargos políticos. Lá o promotor de justiça recebe vários tipos de nomes, conforme o estado: *county attorney* (procurador do condado), *prosecuting attorney* (procurador processual), *state's attorney* (procurador do estado), *district attorney general* (procurador-chefe distrital), dentre outros. Já no Canadá é diferente: o promotor de justiça, chamado de *crown attorney* (algo como "procurador da Coroa") é nomeado pelo procurador-geral da província (*provincial attorney-general*): nem concursado, nem eleito.

44 | Posso escolher o lugar onde quero trabalhar como servidor público?

Depende. Quando alguém faz inscrição para concurso público, sobretudo na esfera federal, sabe que são abertas vagas para determinadas localidades, a interesse da Administração Pública. O candidato em geral concorre para as vagas de uma só localidade, sendo para ela designado, se aprovado. A mudança, entretanto, não é em caráter definitivo. Exemplo: determinado candidato paulista prestou provas em São Paulo para um cargo público do Tribunal Regional Federal na 1ª Região, a ser exercido em Brasília. Uma vez investido, ele exerce suas funções, mas não consegue se adaptar à rotina de trabalho na Capital Federal. Se cumprir certo tempo de serviço em Brasília, havendo oportunidade e vaga na Justiça Federal de São Paulo, ele pode pedir transferência, que será analisada por seus superiores e poderá ser autorizada ou não.

No entanto, existem casos em que a transferência não é autorizada por razões de serviço e, além disso, o servidor é compelido a, de tempos em tempos, mudar de endereço, seja de cidade ou até do próprio estado. Tudo isso precisa estar dentro da esfera de compreensão do candidato, pois há interesses do serviço público que são legítimos e precisam ser cumpridos. Destaca-se o *interesse público* nessas determinações – não a arbitrariedade de superiores hierárquicos ou mesmo retaliação por desavenças pessoais, por exemplo $\frac{3}{4}$, pois há exceções a essa determinação: os membros da Magistratura e do Ministério Público gozam da chamada "inamovibilidade", isto é, não podem ser movimentados de cidade ou até de estado contra sua vontade. Essa inamovibilidade, todavia, pode ser descumprida caso haja interesse público, determinação essa que pode ser atacada em processo administrativo no qual se assegura ampla defesa ao magistrado ou promotor de justiça.

> **Fazer concursos nas regiões Norte e Nordeste do Brasil é tão difícil quanto prestar provas nas regiões Sul e Sudeste.**
>
> Existe um mito um tanto quanto disseminado entre os concurseiros do Sudeste e do Sul, o qual apregoa que fazer concurso em casa é mais difícil que fazê-los nas regiões Norte ou Nordeste. Para esses estudantes, os concurseiros dessas regiões são fracos e, por isso, passar no exame de ordem e em qualquer outro concurso nos estados deles deve ser facílimo. Ledo engano! Primeiro que os concurseiros das regiões Norte e Nordeste são tão qualifi-

cados quanto os das regiões Sudeste e Sul. A modernidade definitivamente se instalou nesses estados e, por isso, há muito acesso a boa informação. Há excelentes profissionais nessas regiões. Quer um exemplo? Podemos citar o baiano Fredie Didier Jr., que é um dos maiores professores de Direito Processual Civil da atualidade. Esse processualista é respeitadíssimo em todo o Brasil, não somente na região Nordeste.

Outra razão para acabar com essa ideia equivocada é a percepção de que o ensino está cada vez melhor nessas regiões. Os concurseiros de hoje têm muito mais acesso a bons cursos que em qualquer outra época. Há muitos cursos telepresenciais e à distância que preparam para concursos de forma igual a qualquer lugar do Brasil. Esses cursos são considerados excelentes por quem entende do assunto.

Por fim, devemos lembrar que os concurseiros estão viajando mais para fazer provas. São pessoas que desejam ampliar as suas chances de aprovação. Por isso, não tentam somente os concursos dos seus estados de origem, mas em toda parte do Brasil. O exemplo mais vivo disso são aqueles que percorrem todos os Tribunais Regionais do Trabalho para que possam concorrer em todas as regiões judiciárias.

Por isso tudo se diz que os concursos, em toda parte do Brasil, têm nível de dificuldade bastante homogêneo. Se é difícil, o desafio é generalizado.

45   Posso escolher o lugar onde quero servir como militar de carreira? E se me mandarem para longe da minha família, o que faço?

A carreira militar é singular por diversos motivos, e tratada pela legislação com a especialidade que ela merece. Não se exige de outros servidores públicos o grau de comprometimento com a função tal como ocorre no meio militar, em que inclusive impõe-se "o sacrifício da própria vida", se necessário. Disso pode-se depreender, de antemão, que o militar está sujeito a um estilo de vida que lhe trará algumas privações, sendo uma delas a movimentação obrigatória, passado determinado tempo, estando ele em atividade.

Nos cursos de formação, dentre as possibilidades oferecidas pela Força e dependendo de sua classificação, o militar pode escolher a primeira movimentação que deseja realizar. Dali por diante, essas movimentações podem ocorrer por causa da designação de autoridades superiores ou por interesse próprio, desde que o pedido seja justificado e se houver vaga na unidade militar para a qual ele deseja ser movimentado. Há, portanto, movimentações por vontade própria e outras por interesse da Instituição, que em geral prevalecem sobre a vontade do particular e de sua família. Nem sempre, entretanto, a movimentação implica mudança de cidade ou estado, pois ela pode ocorrer de quartel para quartel, numa mesma cidade ou comando de área, o que torna tudo mais simples.

Cada Força Armada possui sua regulamentação própria de movimentação. No Exército, por exemplo, há o Decreto nº 2.040/1996 (R-50), que disciplina as regras a esse título. Esse Decreto, inclusive, dá motivos que justificam a movimentação, como a disciplina a que o militar é sujeito, a predominância do interesse do serviço sobre o individual e, principalmente, os próprios deveres e obrigações impostos pela carreira militar. Atualmente tem-se adotado o tempo médio de dois anos para que essa movimentação ocorra.

Dessa forma, o militar pode escolher para onde quer ir, mediante a observância das restrições que a carreira lhe impõe, e precisa agir no sentido de fazer sua família compreender essa necessidade de ser movimentado, pois ela faz parte da vida que o militar escolheu, por vocação.

PARTE 3
POR ONDE COMEÇAR?

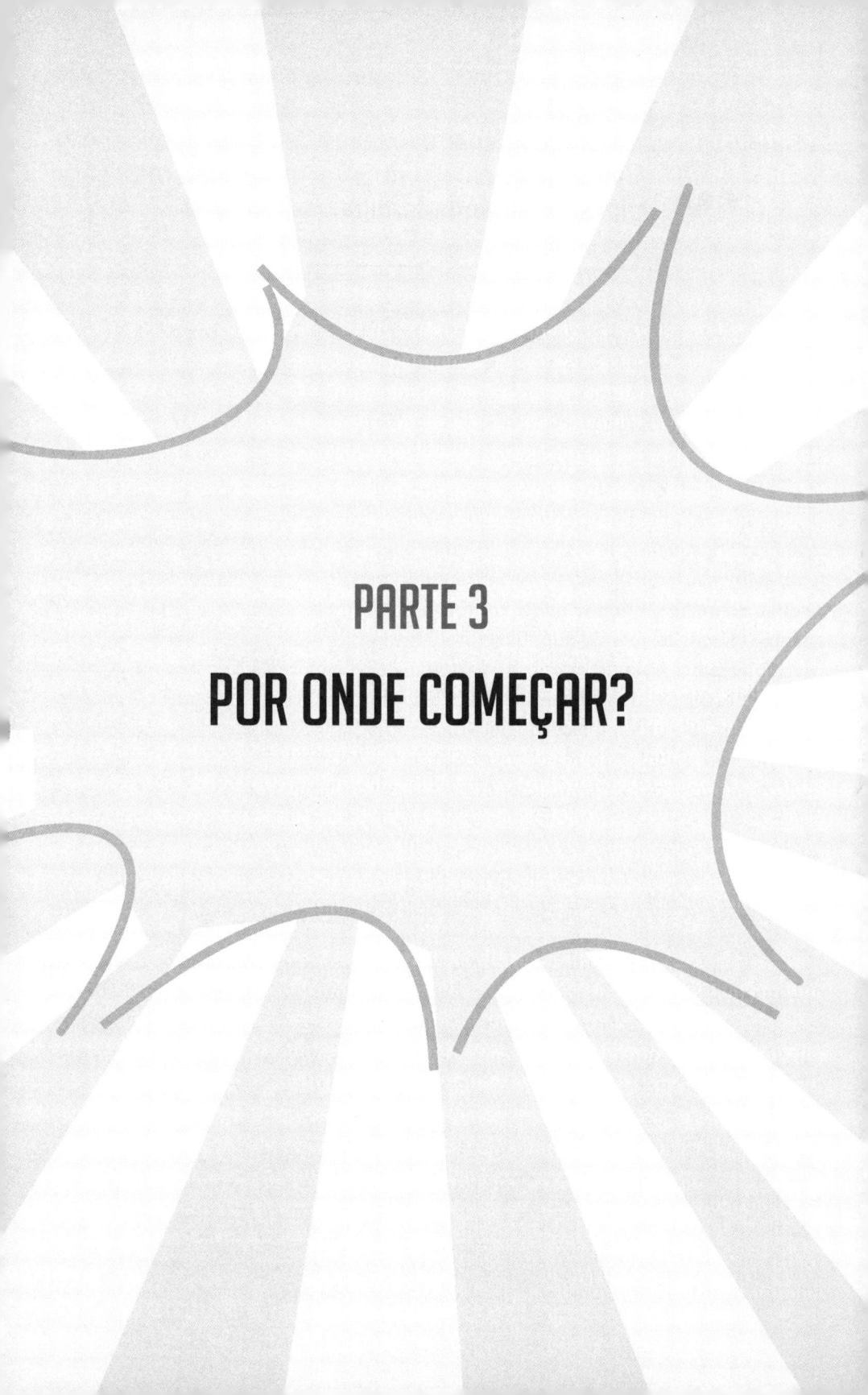

46 Como se deve começar a estudar para concursos?

Como diriam uns engraçadinhos, é pelo começo que se inicia um plano de estudos. Apesar de parecer brincadeira, vamos falar sério.

Primeiro, decide-se com convicção que se quer estudar para concursos. Afinal, essa será uma postura que implicará muito esforço, trabalho sério e disciplina. E só se consegue encarar dessa forma o projeto se houver muito amor na sua execução. É preciso apaixonar-se pela aprovação no cargo para buscar fazer de tudo para conquistá-lo.

Apesar de parecer óbvio, estudar para concursos demanda um planejamento. Aliás, tudo nessa vida requer que façamos planos, pois precisamos prever como chegaremos de um ponto a outro. Isso sem mencionar que faz muito bem começar a entender o caminho a ser percorrido, pois já nos prepara emocionalmente para o trabalho que será desempenhado.

Para fazer o planejamento, deve-se ter um foco. Isso é feito por meio da escolha de um cargo ou uma área para se dedicar. Esse processo envolve conhecer as matérias que entram e montar uma grade de estudos. Para facilitar, vamos exemplificar.

Suponhamos que sua escolha foi estudar para Analista Judiciário de diversos tribunais que existem pelo Brasil. Primeiramente, verificam-se as matérias que entram nessa modalidade de concursos. Assim, percebe-se que Direito Constitucional, Direito Administrativo, Língua Portuguesa, Informática são matérias básicas para tais carreiras. Apenas mudam as matérias específicas de cada tribunal. Então, monta-se um esquema de estudo das matérias básicas quando não se tem um concurso em vista, mas uma área.

Contudo, o mesmo pode ser feito com qualquer concurso: desde um concurso para cargo de nível fundamental até a magistratura. Tudo passará por um começo, uma fase de ambientação. Já aviso que não será fácil, mas advirto que valerá a pena encarar tal desafio.

Já que tratamos de acostumar-se a estudar, se desejamos ingressar na carreira pública devemos persistir mesmo diante das dificuldades que inicialmente aparecerão. O corpo doerá, a cabeça ficará cansada, a sensação de tédio por ficar fazendo a mesma coisa por longas horas aparecerá. O que determinará o sucesso diante desse empreendimento será a sua capacidade de prosseguir tentando se habituar ao novo hábito de estudar para concursos!

Depois de uns tempos insistindo na tarefa de conseguir ter disciplina para estudar, todos esses novos hábitos serão incorporados à sua vida. Assim, em momentos em que você não puder estudar, surgirá uma sensação de vazio ou a própria necessidade de apanhar um livro para ler.

47 Qual a importância de ler o edital do concurso e quais os principais pontos que devo observar?

Imagine a seguinte cena: você está em uma cidade totalmente estranha e pega um carro para passear por ela, sem um mapa, guia ou GPS. Quais as chances de você se perder? A mesma coisa acontece com um candidato a concurso público que faz sua inscrição e não lê o edital. Como ele vai saber, por exemplo, que tem as qualificações exigidas para o cargo? Quantas vagas estão disponíveis e se existe cadastro de reserva? Qual o local e o horário para prestar a prova? Sem essas informações, qualquer candidato, por mais experiente que seja, ficará totalmente perdido.

Pelo exposto, até mesmo de uma maneira figurada, podemos concluir que o edital, além de ser a lei, o regulamento que orientará todas as fases do concurso (publicação, realização, resultado e homologação), também servirá como se fosse um mapa, um guia de orientação para que o candidato não perca tempo precioso de estudo, dinheiro gasto com material e muita motivação, preparando-se para cargos que ele não poderá assumir por não cumprir algumas exigências como exemplo: grau de escolaridade ou formação específica para determinada área (informática, saúde, Direito).

Agora que conhecemos um pouco a importância de um edital de concurso público, vamos conhecer quais os pontos que não devem ser ignorados na hora da sua leitura. Tomamos como modelo um edital do Cespe/UnB, para o concurso do TRE-BA/2009. Dessa forma, com o edital publicado, um candidato que vai concorrer para um cargo, por exemplo, de **técnico judiciário, área administrativa,** precisará necessariamente destacar as seguintes informações:

1 – DOS CARGOS:
TÉCNICO JUDICIÁRIO (NÍVEL TÉCNICO)
CARGO 13: TÉCNICO JUDICIÁRIO – ÁREA: ADMINISTRATIVA

2 – DAS VAGAS *(Não deixe de fazer o concurso tomando por base a (pouca) quantidade de vagas: na maioria dos casos são chamados muito mais candidatos no decorrer da validade do concurso.)*

Cargo	Geral	Portadores de deficiência	Total	Lotação
Cargo 13: Técnico Judiciário área: Administrativa	19	1	20	Cartórios Eleitorais do Estado da Bahia

3 – DA REMUNERAÇÃO *(Analise com muita atenção fatores como ficar longe da família e se a remuneração que receberá compensa, por exemplo, ir morar em outra localidade.)*

Cargo	Vencimento básico	Gratificação de Atividade Judiciária (GAJ)	VPI	Remuneração mensal
Técnico Judiciário	R$ 2.662,06	R$ 1.331,03	R$ 59,87	R$ 4.052,96

4 – DA LOTAÇÃO E DA JORNADA DE TRABALHO *(O candidato precisa saber se vai ter disponibilidade de tempo e de deslocamento para assumir o cargo.)*
5 – DAS VAGAS DESTINADAS AOS CANDIDATOS PORTADORES DE DEFICIÊNCIA *(Exclusivo para quem é portador de deficiência.)*
6 – DOS REQUISITOS BÁSICOS PARA A INVESTIDURA NO CARGO *(Importantíssimo! Aqui estão todas as exigências necessárias para prestar este concurso: idade, escolaridade, condições física e mental, documentação.)*
7 – DAS INSCRIÇÕES NO CONCURSO PÚBLICO *(Valores e datas para início e encerramento das inscrições.)*
TAXAS:
R$ 55,00 (cinquenta e cinco reais) para Técnico Judiciário.
8 – DAS DISPOSIÇÕES GERAIS SOBRE A INSCRIÇÃO NO CONCURSO PÚBLICO *(Aqui o candidato encontrará todas as informações sobre: inscrições, isenção da taxa de inscrição, documentos exigidos e datas para sua entrega.)*
9 – DO EXAME DE HABILIDADES E CONHECIMENTOS *(Diz para quais cargos serão exigidos os exames de habilidades e conhecimentos.)*

9.1 – TÉCNICO JUDICIÁRIO *(Quadro especificando quais os tipos de provas, área de conhecimento, quantidade de questões para cada uma, peso e se decorre de eliminação e classificação.)*

PROVAS/ TIPO	ÁREA DE CONHECIMENTO	NÚMERO DE ITENS	PESO	CARÁTER
Objetiva (P1)	Conhecimentos Básicos	40	1	ELIMINATÓRIO E CLASSIFICATÓRIO
Objetiva (P2)	Conhecimentos Específicos	80	3	

9.2 – AVISO DA DATA E HORÁRIO PROVÁVEL PARA AS PROVAS
As provas objetivas para os cargos de Técnico Judiciário terão a duração de **3 horas e 30 minutos** e serão aplicadas na data provável de **21 de fevereiro de 2010,** no turno da tarde.

10 – DAS PROVAS OBJETIVAS *(Esta parte diz como será cobrada a prova. Importantíssimo a sua leitura, já que cada banca tem um estilo próprio. Muita atenção às duas partes seguintes, pois muitas pessoas ainda não conseguem entender como funciona o julgamento CERTO ou ERRADO.)*

Cada prova objetiva será constituída de itens para julgamento, agrupados por comandos que deverão ser respeitados. O julgamento de cada item será **CERTO ou ERRADO**, de acordo com o(s) comando(s) a que se refere o item. Haverá, na folha de respostas, para cada item, dois campos de marcação: o campo designado com o código **C**, que deverá ser preenchido pelo candidato caso julgue o item **CERTO,** e o campo designado com o código **E**, que deverá ser preenchido pelo candidato caso julgue o item **ERRADO**.

11 – DOS CRITÉRIOS DE AVALIAÇÃO E DE CLASSIFICAÇÃO *(Atenção! Fique atento a esse item. Talvez seja a parte que mais causa confusão e desclassificação nas provas.)*

A nota em cada item das provas objetivas, feita com base nas marcações da folha de respostas, **será igual a: 1,00 ponto,** caso a resposta do candidato esteja **em concordância** com o gabarito oficial definitivo das provas; **0,15 ponto negativo**, caso a resposta do candidato esteja **em discordância** com o gabarito oficial definitivo das provas; 0,00 ponto, caso não haja marcação ou haja marcação dupla (C e E).

(Exemplo: acertando 10 questões, você terá 10 pontos; se errar 10 questões, serão descontados 1,5 pontos dos seus 10 pontos. Não marcando o cartão ou marcando CERTO e ERRADO ao mesmo tempo, sua nota será igual a 0,00 pontos. Assim sua nota final será: 10 – 1,5 = 8,5.)

12 – DAS DISPOSIÇÕES FINAIS *(Muito importante também! Aqui você fica sabendo de algumas regras que devem ser obedecidas antes, durante e depois da prova.)*

13 – DOS OBJETOS DE AVALIAÇÃO

13.1 – CONHECIMENTOS BÁSICOS *(Aqui são exigidas as matérias básicas de quase todos os concursos para TRE: português, informática, arquivologia etc., com seus tópicos e subtópicos.)*

13.2 – CONHECIMENTOS ESPECÍFICOS

CARGO 13: TÉCNICO JUDICIÁRIO – ÁREA: ADMINISTRATIVA *(Aqui são exigidas as matérias de conhecimentos específicos do TRE: Direito Eleitoral, Constitucional, Administrativo etc.)*

Outras informações para as quais devemos estar atentos são: materiais usados para a realização das provas (tipos e cores de canetas, lápis, borracha), vestimentas e acessórios (boné, chapéu, óculos esporte, relógio), documentos de identidade válidos para realizar a prova, publicação do gabarito, resultado final e homologação do concurso, entre outras. Com esses dados já é possível ficar bem orientado e se preparar mais tranquilamente.

Importante! Cada organizadora (Cespe/UnB, FCC, Esaf) tem uma maneira própria de formatar os seus editais, ou seja, eles não são padronizados. Portanto, somente com várias leituras é possível encontrar as informações que precisa.

➲ Todos os dias é aberto, pelo menos, um edital de concurso no Brasil.

Quem acompanha as publicações que saem na mídia concurseira pode ficar tranquilo porque há vaga sempre para quem estuda e se esforça. Todos os dias algum edital, em um ponto do Brasil, é publicado. Se você não tiver problemas em, de vez quando, tentar algum concurso fora do seu estado de origem, pode ficar tranquilo. Confie que sua vez na fila dos concursos chegará. Você não precisa fazer todos, pois assim fica complicado ser aprovado por causa da falta de foco nos estudos. Contudo, essa informação merece ser divulgada para poder deixá-lo mais calmo para estudar. Então, tenha fé para investir no seu projeto de aprovação.

48. Concurso é prática do dia a dia ou é estudar um pouco e fazer as questões na hora da prova?

Há candidatos que, por incrível que pareça, não gostam ou não têm o costume de treinar as questões de provas anteriores, ou as avulsas de outros concursos. Alegam, principalmente, duas razões: as perguntas não serão as mesmas, e fazer outras questões estimula a ansiedade antes da prova definitiva. Ambos os argumentos revelam falta de bom senso e de responsabilidade para com o preparo, e explicamos o porquê.

Qualquer pessoa praticante de atividade física sabe que o treino é fundamental. Ela pode saber de tudo sobre corrida: como respirar, como aquecer e alongar, o ritmo empreendido em cada passada, quando acelerar e desacelerar, o tênis e o vestuário mais adequados, entre outros detalhes. Agora, de que adiantará ela saber de tudo isso e não colocar em prática? "Ora, faço isso quando a prova chegar", alguém poderia responder. Acontece que uma atividade como essa exige prática contínua, adaptação do corpo a situações de estresse e dedicação total, sem contar outros fatores que definem, inclusive, o tempo que se leva para completar um percurso. Isso tudo é feito na base da dedicação, disciplina, constância, e exigem máxima atenção do praticante da atividade.

Com os concursos é a mesma coisa. Não adianta saber a teoria e, por medo, não praticá-la por meio de exercícios. Sabe-se que os testes e demais exercícios são apenas uma amostra do que se aprendeu, e não compreendem todos os fatores, como detalhes do programa que, por vezes, passam despercebidos e, talvez, sejam objeto de prova. O exame em si é uma verificação do que se sabe, uma amostra que, se bem realizada conforme o parâmetro chamado gabarito, conduz à aprovação. Por essas razões, treinar não apenas é bom, senão indispensável.

Alguns alegam que ficam ansiosos ou estressados com o treino. Isso é uma amarra psicológica que precisa ser quebrada. A ansiedade pode ser um temor irracional do confronto, o medo de errar, de falhar, de se sentir culpado ou rejeitado pelos conhecidos; o estresse pode ser desencadeado pela falta de aceitação dos próprios limites e dificuldades, além de uma perigosa tendência ao perfeccionismo, em que não se admitem falhas de preparo, ou uma nota "menor que 90%", por exemplo. Tudo isso pode ser curado com uma nova consciência, ajuda de terceiros ou mesmo terapia, medicamentosa ou não. Até um suco de maracujá traz ajuda, desde que não haja excessos que contribuam para o sono e o prejuízo certo de desempenho.

Outros esbarram no problema de encontrar meios para a prática de questões. Havendo dificuldade de encontrar exercícios de provas anteriores, o candidato pode treinar com: exercícios similares de provas para o mesmo cargo aplicadas em outros estados ou municípios; testes da mesma banca examinadora do concurso; ou mesmo com coletâneas de provas dirigidas para o cargo ao qual ele aspira. Ou seja, não há o que reclamar quando o assunto é treino: existem vários meios de se praticar, até o dia da prova.

Detalhe importante: faça testes, *desde que eles contenham o gabarito definitivo*, isto é, aquele que foi examinado pela banca após eventuais recursos e declarado como imutável desde então. Isso não significa que sejam incontestáveis, pois nem a banca, tampouco o candidato, sabem de tudo: falhas existem e, uma vez detectadas, podem ser objeto de pesquisa para um melhor discernimento sobre o assunto cobrado.

49 Devo pedir demissão do meu emprego para estudar em tempo integral para concursos públicos?

Já se tornou mito a ideia de que para passar em concursos públicos é preciso abandonar trabalho, amigos, família, lazer, tudo, para poder estudar em tempo integral, ou seja, não fazer outra coisa senão dormir, comer e estudar. De pronto afirmamos com toda convicção que isso não passa mesmo de um mito sem nenhum apego à realidade.

Estudar para concursos públicos para realmente passar não é algo que seja fácil e muito menos rápido. É muita coisa para estudar à exaustão, o que requer muito P2D (Planejamento, Disciplina e Dedicação)[1] e, principalmente, tempo dedicado aos estudos.

É claro que quem estuda integralmente, ou seja, não trabalha e pode, assim, dedicar seus dias aos estudos, irá aprender um maior volume de matérias mais rápido e, portanto, passar mais rápido em concursos públicos. Claro que isso não acontece necessariamente para todos que estudam integralmente, visto que conta muito a qualidade do estudo e do material utilizado no estudo.

Já quem tem de dividir o tempo entre trabalhar, cuidar da casa e dos filhos e estudar não goza de tanto tempo para dedicar aos estudos e, portanto, demorará um pouco mais para acumular o conhecimento necessário para garantir passar em concursos públicos.

Para muitos concurseiros é plenamente possível abrir mão de trabalhar para se dedicar apenas aos estudos para concursos públicos. Para outros tal opção é compulsória e não livre, como para quem é demitido e demora para conseguir outro emprego na iniciativa privada. Para outros tantos, porém, ficar sem trabalhar significará não poder pagar as contas e manter a família, algo impensável.

Pois bem, se você pertence ao grupo daqueles que podem se dar ao luxo de abrir mão do trabalho para apenas estudar para concursos públicos sem com isso colocar a família e a si mesmo em situação penosa, então essa possibilidade deve ser considerada e analisada com cuidado. Se por outro lado abrir mão do trabalho significará não pode pagar as contas, não se alimentar ou ficar endividado, então não há que se pensar em fazer isso, mesmo porque não se poderá estudar com seriedade e qualidade com as necessidades e os cobradores batendo à porta. De qualquer modo, somente opte por abandonar o trabalho e estudar em tempo integral se tiver segurança absoluta de que tal decisão não poderá ser fonte de desassossego e problemas futuros.

---

[1] Leia mais sobre P2D na pergunta 51.

50 | Vale a pena pegar dinheiro emprestado para poder estudar e fazer provas de concursos públicos?

Estudar com seriedade para concursos públicos não é algo que possa ser feito de forma rápida e barata, muito pelo contrário, é um projeto no mínimo de médio prazo (pelo menos dois anos de estudo para bons cargos públicos federais) e que demanda um investimento mínimo em bons livros para estudar com qualidade, em taxas de inscrição e viagens para realizar as provas.

Diante da necessidade de tempo e de dinheiro para investir nos estudos para concursos públicos, não poucas pessoas analisam seriamente a possibilidade, muitas vezes necessidade, de tomar dinheiro emprestado para poder investir em seus estudos, uma vez que não dispõem desse capital. Mas será que vale mesmo a pena? E quando vale a pena? Vejamos.

Antes de sequer começar a pensar onde será melhor tomar dinheiro emprestado com essa finalidade, deve-se analisar com muito cuidado a real necessidade de se fazer isso. Não é possível conseguir um trabalho que possa remunerá-lo o suficiente para poder comprar material de estudo e prestar concursos ao mesmo tempo que ofereça tempo livre suficiente para estudar? Talvez trabalhar por conta própria possa ser a solução, como dando aulas de reforço, comercializando algum produto ou mesmo trabalhando freelancer, ou seja, eventualmente. Talvez você possa vender algum bem de sua propriedade e que possa dispor no momento.

Contudo, se não houver mesmo a possibilidade de bancar os gastos decorrentes de se estudar e prestar concursos públicos, sendo a tomada de empréstimo a única solução, deve-se verificar qual a melhor forma de fazer isso. Utilizar o cheque especial ou entrar no rotativo do cartão de crédito são opções que devem ser totalmente descartadas, visto que ambas cobram os maiores juros do mercado financeiro. Evite também as financeiras, conhecidas por emprestarem facilmente, porém cobrando juros extorsivos. São boas soluções:

Empréstimo com familiar ou amigo – Muitas vezes é possível tomar empréstimos com familiares e amigos próximos que se não lhe cobrarem nada de juros, cobrarão apenas os juros da poupança. De qualquer forma, deixe bem claro para qual finalidade será utilizado o dinheiro e que poderá demorar um pouco para você pagá-lo, visto que dependerá de ser nomeado e empossado para isso.

Empréstimo pessoal – Atualmente está bastante fácil conseguir contratar, junto a muitos bancos, empréstimos pessoais com taxas de juros bastante atraentes. Nesse caso vale uma boa negociação com o gerente do banco a fim de conseguir a melhor taxa e o melhor prazo de pagamento.

Se você optar mesmo por tomar dinheiro emprestado para financiar seus estudos para concursos públicos, tenha sempre em mente que deverá seguir três regrinhas básicas para evitar que você tenha a infelicidade de ver o dinheiro emprestado acabar sem que você tenha sido nomeado e empossado em cargo público algum:

1. Nunca gaste todo o valor que tomar emprestado. Guarde pelo menos 25% para eventualidades futuras.
2. Nunca gaste nem um tostão com qualquer coisa que não esteja relacionada com seus estudos para concursos públicos.
3. Analise com muito cuidado todos os seus gastos, tendo certeza de que são absolutamente necessários e indispensáveis.

51 Faz muito tempo que parei de estudar, como fazer para acostumar-me a estudar para concursos públicos?

Estudar é como nadar, andar de bicicleta ou dirigir: perde-se a prática e a agilidade, mas nunca se esquece como fazer.

É sabido que atualmente estudar para concursos públicos é um projeto de longa duração, e que o estudo orientado é indispensável. Para quem parou de estudar com regularidade há um bom tempo, essa empreitada pode parecer mais assustadora, desafiadora e difícil do que é na realidade, não querendo com isso dizer que será fácil ou simples.

Assim como não se pode esperar de alguém que não anda de bicicleta há anos que participe de uma competição de ciclismo em pé de igualdade com atletas treinados, também não se pode esperar ou mesmo exigir de quem não estuda regularmente há tempos que de um dia para outro passe a estudar como se deve para concursos públicos por horas a fio todos os dias.

Estudar sério para concursos públicos exige P2D. Explicaremos o que é isso.

O "P" é de Planejamento, que é um esboço sistemático daquilo que se quer atingir, do que será necessário para isso, das ferramentas que se dispõe para isso e quais outras serão necessárias. Ou seja, antes de começar a estudar o concurseiro deve decidir o que quer em termos de concursos públicos, o que deverá estudar, o quanto deverá estudar, como deverá estudar e com o quê deverá estudar.

O primeiro "D" é de Disciplina, o conjunto dos regulamentos destinados a transformar algo planejado em realidade. Não adianta nada fazer um belo planejamento de estudo para não segui-lo estritamente, gerando perda de tempo e esforços, além de frustração.

O segundo "D" é de Determinação, a firme decisão de seguir o planejamento feito com disciplina a fim de alcançar uma meta. É preciso acreditar em você mesmo, que seu planejamento renderá os frutos da aprovação, nomeação e posse em concursos públicos.

Com base no P2D você criará o que é essencial e indispensável para se acostumar a estudar com seriedade e qualidade para concursos públicos, a rotina. Entenda "rotina de estudo" como o hábito de estudar diariamente em horários estabelecidos com matérias e material de estudos previamente determinados. Do mesmo modo que andar de bicicleta, nadar ou dirigir diariamente, no começo há pouco costume, mas aumentando gradativamente o tempo de prática, em pouco tempo a rotina irá acostumá-lo a fazer essas atividades melhor e mais rápido. O mesmo é aplicado para estudar para concursos públicos.

O grande erro de muitas pessoas é querer de uma hora para outra passar a estudar para concursos públicos cinco, oito, dez ou doze horas diárias, algo que nunca dá certo e somente gera frustração, cansaço e desmotiva a quem tenta. O ideal é começar a estudar apenas algumas poucas horas diárias e com o tempo ir aumentando a carga horária, sempre com P2D, para em pouco tempo estar estudando várias horas diárias com qualidade total.

> "Se você não for melhor amanhã do que você foi hoje, então qual a sua serventia para amanhã?"
>
> *Rabbi Nahman of Breslov*

Concurseiros sérios devem perseguir a evolução constante, diária. Devemos sempre procurar evoluir de um dia para outro, de um concurso para outro, por pouco que seja. Se não houver evolução, também não haverá aumento das chances de se passar em concursos públicos e ser empossado.

No começo da luta, na guerra dos concursos públicos a evolução é muito mais pronunciada e chamativa. Em poucos meses passamos do conhecimento próximo de zero àquele que nossos estudos esforçados nos levam. Isso chama a atenção, nos torna orgulhosos de nós mesmos. Com o tempo e a experiência, a evolução tende a tornar-se cada vez mais lenta e menos pronunciada, até o ponto em que devemos empreender muito esforço para evoluir apenas mais um pouquinho. Porém, esse é o ciclo evolutivo natural de quem estuda para concursos públicos.

Não se preocupe com sua evolução como concurseiro em termos quantitativos, mas qualitativos. Tenha em mente todos os dias ao acordar que sua missão mais importante naquele dia é ir dormir sabendo um pouco mais e melhor as matérias que estuda do que sabia quando acordou. Esse é o caminho para a vitória na guerra dos concursos públicos.

52 | Sou muito atarefado e não tenho tempo para estudar adequadamente. Como produzir tempo para estudar?

Estudar para concursos públicos exige do candidato dedicação e comprometimento com os estudos. Uma das maiores reclamações dos concurseiros é a falta de tempo para estudar. Muitos trabalham, fazem faculdade ou pós-graduação, têm suas tarefas diárias, necessitam se exercitar, precisam dar atenção aos amigos ou mesmo à namorada e, ainda, gastam tempo descansando de todas essas tarefas.

Então, como arranjar tempo para estudar para concursos públicos?

Não há outro jeito. Será necessário escolher entre o lazer e os estudos. Não estou dizendo que você, enquanto estuda para concursos, não possa ter momentos de lazer, não é isso! Mas gastar 3 horas na frente do videogame não vai fazer você passar em concursos. Dormir mais de 8 horas por dia não vai fazer você passar em concursos. Ir para a "balada", tomar todas, e ficar de ressaca o outro dia inteirinho, definitivamente, não irá fazer você passar em concursos.

Todos temos que fazer escolhas. Pessoas inteligentes são aquelas que fazem escolhas inteligentes. Em vez de dormir 10 horas por dia, durma apenas 8 horas. Só essa escolha já te fez ganhar 2 horas de estudo por dia, ou seja, 14 horas em uma semana. Em vez de jogar videogame 3 horas, jogue apenas uma hora. Mais 14 horas por semana. Não ficar em excesso no telefone, não demorar no banho, diminuir o tempo de televisão, dividir o horário de almoço em dois para fazer a revisão de uma matéria, não passar mais tempo do que o necessário na internet, ouvir audioaulas no ônibus, todas essas escolhas lhe trarão muitas horas de estudo.

É um sacrifício tão pequeno se comparado à recompensa em ser aprovado em um concurso público. Lembre-se: é um sacrifício temporário. Depois de aprovado você pode ficar na frente da televisão começando na "novela das cinco" e indo até a "novela das nove" sem arrependimentos!

Cada um deve se autoanalisar. Fazer um quadro de horários de estudos é uma excelente alternativa. O quadro horário de estudo é uma espécie de tabela em que cada célula representa um determinado horário do dia onde você poderá escrever suas atividades diárias e os melhores horários para você estudar. Com essa tabela você será capaz de prever quantas horas terá disponível por dia ou mesmo por semana para dar aquele "gás" nos estudos.

O planejamento de estudos é fundamental para ganhar tempo. Vale muito a pena se planejar antecipadamente e definir o que estudar, quando estudar e onde estudar, assim você não perde tempo pensando nisso todos os dias.

Há inúmeras formas de ganhar tempo no seu dia a dia! Cabe a você, concurseiro, adaptar a sua rotina ao seu objetivo de passar em um concurso.

Deixamos a seguinte pergunta: *Você está fazendo tudo o que pode para passar em um concurso público*? Pense nisso!

53 | Eu trabalho, tenho filhos e sou casado(a). São muitas responsabilidades para dar conta. Como ter paz para estudar para concursos?

A primeira coisa é ver como é a sua relação com a família. Esta precisa entender que você precisa de apoio nesse momento, e ter apoio é ter o seu momento privado sendo respeitado. Você precisa de silêncio e ser deixado(a) o tempo que for necessário. Não se esqueça, ao mesmo tempo, que se sua família fizer essa concessão, eles também vão querer algum retorno. O que isso quer dizer? Quer dizer que algum fim de semana você terá que ser somente deles. Terá de se planejar bem para que não fique em isolamento total, o que fatalmente levará a um desgaste muito maior atrapalhando ainda mais seu desempenho em concursos públicos.

Cada caso é um caso. Não sabemos o que acontece em sua casa. O que mais importa é que você precisa estar atento ao nível de comunicação da sua família. Como é o diálogo com eles? Perguntamos isso porque não existe uma receita de paz. O que há de fato são relações saudáveis, em que as pessoas conseguem se compreender e ter liberdade de se expressar e com isso tomar decisões onde um possa apoiar o outro

Relações familiares poderosas certamente trazem paz, pois as pessoas conseguem apoio mútuo. É interessante pensar na possibilidade de se ter um convívio em que todos possam trocar. A troca em família habilita um entendimento maior entre os parentes. Entendimento é sempre melhor do que tolerância e paciência, pois para se tolerar ou se ter paciência é muito difícil, há de se fazer um esforço muito grande para tal. Exatamente por isso que entender é o melhor caminho para se atingir a paz. Paz é algo construído. Paz é imanente, ou seja, de dentro para fora. Para que a paz que você quer seja alcançada, é necessário que você possa construir a paz interna.

Busque o diálogo e o entendimento com sua família, e não a tolerância e paciência, pois quando há os dois primeiros, as duas últimas vêm de graça. Lembre-se: o diálogo com entendimento. Esse sim é o grande elemento, senão uma boa receita (se é que pode existir uma, cremos que haja várias) para uma construção saudável da paz para que você possa produzir não somente seus estudos, mas construir sua vida de modo harmonioso, pacífico e intenso.

➲ "A união faz a força."

Esse ditado popular tem muito a ver com estudar para concursos públicos. Mesmo os concurseiros que estudam sozinhos não podem se isolar do mundo como se fossem náufragos solitários em uma ilha de isolamento. Seres humanos precisam de outras pessoas, tanto por razões práticas quanto espirituais, motivacionais ou relacionais.

De um lado temos a necessidade de manter contato com outras pessoas para trocarmos informações sobre concursos públicos, fazer o intercâmbio de técnicas de estudo e de planejamento de estudos, dicas dos melhores materiais de estudo para determinadas matérias, enfim, para podermos estudar mais e melhor.

Por outro lado, necessitamos ter "um ombro amigo" para nos apoiar, para podermos compartilhar nossos medos, angústias, sonhos e frustrações. Esse "ombro" pode muito bem ser tanto o de outros concurseiros quanto de pessoas que nem pensam em estudar para concursos públicos, desde que sejam ombros amigos.

Precisamos, inclusive, de pessoas que duvidam de nós, que não acreditam que possamos vencer na guerra dos concursos públicos, pois também essa "torcida contra" nos motiva a estudar mais e melhor para provar que somos, sim, capazes de vencer essa guerra e de provarmos que essas pessoas estão erradas.

Enfim, a união faz também a força do concurseiro, nunca se esqueça disso.

54 Fazer estágio para o cargo que almejo auxilia em meus estudos?

Existem determinadas atividades profissionais e profissionalizantes que podem nos auxiliar nesse processo de aprendizagem para a aprovação, dentre elas o estágio, por vezes tão pouco valorizado, pode ser o diferencial em seus estudos.

Estágios para os cargos que você quer concorrer, quando bem realizados, servem para conferir maior profundidade ao seu saber técnico, antecipando determinadas análises que talvez fossem realizadas somente após a aprovação, e, portanto, auxiliando direta (já que vivenciar polêmicas profissionais em nossa área de atuação estimula nosso próprio saber quanto à matéria) e indiretamente (na medida em que nos ajuda a termos consciência das reais atribuições e competências do cargo que almejamos) nessa etapa de amadurecimento e preparação.

Não percam a oportunidade de realizar estágios, mas bons estágios. Conversem com os orientadores de estágio que sejam concursados e peçam ajuda sincera nesse projeto de aprovação. Não é raro encontrar servidores públicos que estejam dispostos a ajudar aqueles que ainda não foram aprovados. Faça perguntas, seja atencioso com o trabalho que lhe compete, procure reconhecer as motivações técnicas e profissionais por detrás do trabalho feito e não tenha vergonha de estar sempre aprendendo coisas novas.

55 | Quero passar em um concurso jurídico, mas detesto estudar Direito Administrativo: é muito chato, cheio de regrinhas... Vale a pena?

Aquele que aspira a uma carreira pública e aceita participar de um processo que inclui tantas exigências, juntamente com a necessidade de disciplina e de dedicação, sabe que estará sujeito a fazer o que quer e o que não quer, o que gosta e o que não gosta. Mesmo quem não está nesse caminho sabe que é preciso fazer determinadas concessões e se acostumar com exigências que por vezes parecem enfadonhas, ou difíceis de lidar. Não se abandona uma oportunidade de trabalho por ela ter tarefas bastante complicadas: afinal, há um interesse maior em jogo.

Pensando nisso, pode-se refletir: se o Direito Administrativo, conforme citado, embora seja "muito chato, cheio de regrinhas", é necessário em grande parte dos concursos voltados ao Poder Judiciário, por que desprezá-lo ao estudar? Melhor: se essa disciplina é tão exigida e importante para o exercício de um cargo público, por que deixar passar as oportunidades de ingresso numa carreira pública por causa dela? E por que abandonar, também, oportunidades que vêm com a carreira pública, como a tão almejada estabilidade, boa (ou ótima) remuneração, melhores condições de trabalho e de cuidados com a vida familiar, entre outros benefícios? Para a questão, então, podemos responder tranquilamente: **sim**, vale – e muito – a pena.

O estudante proativo sabe que pode ir além, diante de uma matéria que não gosta: é preciso **passar a gostar dela**. Sim, gostar, ter um "amor interesseiro", pois se para ser um servidor público precisamos de Direito Administrativo, então tudo fica melhor se passarmos a "amar" Direito Administrativo. E quando tratamos uma matéria com amor, dedicação, respeito e bastante interesse, ela passa a se tornar agradável.

Outro aspecto: o Direito, em geral, é constituído de muitas "regrinhas", uma vez que a principal fonte do direito brasileiro é a lei. Isso, entretanto, não torna a análise da lei algo chato, pois se aprende que regras são necessárias, importantes e até fundamentais para a solução de problemas que o futuro servidor público enfrentará no exercício de seu cargo. Então, além de amar a matéria, passe a gostar das regras, pois elas existem para o seu bem e daqueles que são administrados pelo seu futuro empregador, o Poder Público.

Os concursos federais estão cobrando menos raciocínio lógico.

Quando se iniciou o verdadeiro "boom" dos concursos públicos em 2006, as bancas examinadoras perceberam que precisariam de novos mecanismos de avaliação desse novo contingente de candidatos às vagas oferecidas. Se antes já se cobrava informática e língua portuguesa, depois passou-se a cobrar também raciocínio lógico, matemática e/ou língua estrangeira para algumas carreiras. Ocorre que, nos últimos anos, surgiu um movimento de estudiosos já inseridos na própria Administração Pública. Esses especialistas começaram a se qualificar cada vez mais e a lançar publicações de seus trabalhos sobre administração de pessoal, otimização do trabalho e gestão de recursos. Por essa razão, tem ganhado muita força a disciplina de noções de Administração Pública, na esfera federal, em concursos de diversas matizes de escolaridade. Com isso, a matéria tem tomado o lugar de raciocínio lógico nas provas de concurso.

56 | Ouvi falar que só dá para passar se ler o livro X, se estudar no cursinho Y. É assim mesmo?

O que mais se ouve nos corredores de cursos preparatórios para concursos e nos bate-papos informais de quem está para fazer prova de concurso é isso. Essa informação desestabiliza muitos concurseiros porque muito se discute a respeito de bibliografia e não se chega a um consenso.

É verdade que, em alguns concursos de nível de complexidade mais elevados, recomenda-se a leitura de algumas bibliografias mais específicas. São eles: procurador do estado, defensoria pública, magistratura, delegado, concursos das forças armadas etc. Contudo, ler todos os livros indicados nas bibliografias sugeridas ou publicações de membros de bancas pode representar uma impossibilidade, já que o custo disso é deveras alto e o tempo de que se dispõe é muito escasso. Além disso, nem sempre entram questões sobre todas as bibliografias apontadas. Então, não vale a pena seguir com tamanho rigor esse tipo de linha de estudo.

Fora esses casos muito específicos, qualquer bom livro atualizado e escrito no formato voltado para concursos atende ao objetivo de aprendizado. Entende-se como boa obra aquela que permite ao concurseiro entender de forma adequada a matéria pedida no edital. Por isso, não é bom comprar a publicação que outra pessoa diz ser a melhor, pois cada pessoa tem suas necessidades específicas. Cada um tem um nível de aprendizado que não pode ser comparado.

Cumpre acrescentar que essa exigência era justificável no passado, quando existiam poucas obras de referência para estudo. Com isso, era preciso mesmo separar o joio do trigo, sob pena de não ser possível realizar boa preparação para concursos. Todavia, atualmente, há tantas opções e autores consagrados, que fica até difícil saber qual é o melhor para eleger. Por isso, levar em consideração as características pessoais pode ser muito importante na escolha de uma boa obra para estudo.

Para fazer essa escolha, o ideal é folhear diversos livros de autores consagrados e ver qual deles se identifica mais com a sua necessidade. Aliás, existem publicações para as diversas espécies de concurso (magistratura, área fiscal, área dos tribunais etc.). Isso só vem corroborar que não se pode aceitar a imposição de uma bibliografia, sob pena de não existir adaptação. Assim, você acaba não usando o livro que custou tão caro comprar. Corre-se o risco de a obra acabar pegando poeira na estante pela falta de uso.

57 | Como estabelecer um foco de estudo?

Estudar para concursos públicos sem foco é o mesmo que buscar sua aprovação por caminhos longos e trilhas tortuosas. Leva mais tempo e diminui a concentração de seus esforços a um âmbito de concursos mais relevante para você.

Não, você não precisa estabelecer que a partir de hoje prestará apenas um tipo de concurso, para um órgão e um estado da Federação. Mas precisa fazer algumas escolhas, para evitar que se perca em meio a uma quantidade de matérias que talvez não necessite.

Dependendo de sua área de formação profissional é possível que você concorra a concursos dos mais variados níveis de certames (municipais, estaduais e federais) e a cargos das mais variadas ordens, como: fiscais; cargos concernentes aos Tribunais Superiores; concernentes à Magistratura, ao Ministério Público, à Defensoria Pública ou à Advocacia Geral da União; referentes à função Legislativa (em todos os âmbitos federativos); à função Executiva (em todos os âmbitos federativos), sem falar das instituições autárquicas e fundacionais. Contudo, essa variedade nem sempre facilita a vida do concurseiro, e não obstante seja sedutor pensar que poderíamos concorrer a essa variedade de vagas, cada uma delas prescinde de peculiar estudo, com disciplinas e modalidades de provas não raras vezes paradoxais.

Por isso, estabeleça seu foco de estudo com base em sua formação profissional e vá se aprofundando ao conhecer um pouco mais sobre a Instituição e as atribuições do cargo, para que, ao final de uma análise pormenorizada, seja possível estabelecer uma gama de concursos viáveis, com modalidades de prova e disciplinas correlatas.

Essa tarefa deve ser cumprida com uma dose de autoconhecimento. Não se trata de escolher apenas os "melhores concursos" (partindo de seus próprios parâmetros do que é "melhor"), mas sim de estabelecer um círculo de concursos que atende simultaneamente a suas capacitações pessoais e a seus anseios.

58 | Por que é tão difícil estudar para concurso público sem edital na praça?

Realmente é uma dúvida cruel, pois se às vezes já é difícil estudar com o edital publicado, imagine sem nenhuma previsão para isso. Entretanto, em termos de concursos públicos, consideramos a melhor estratégia que existe, pois o candidato que inicia sua preparação antes de o evento acontecer terá uma boa vantagem em relação aos outros candidatos. Compare essa situação com a de um atleta que passa o ano se preparando para uma corrida: a chance de ele chegar entre os primeiros colocados será bem maior do que muitos competidores que só começaram a treinar perto do evento.

A maioria dos concursos se repete, em média, de dois a quatro anos, dependendo da necessidade de vagas e da prorrogação da validade. Assim, tomemos como referência o último concurso do TRE-RJ, realizado em 2006 e, portanto, prorrogado por mais dois anos, tendo vencido em abril de 2011. O candidato que já vinha se preparando para outros concursos desse mesmo tribunal (TRE – 26 tribunais espalhados por todo o país), com toda certeza terá mais chance de obter uma boa colocação nesse concurso que aqueles que estão esperando o edital ser publicado primeiro para começar a estudar depois (os concursos não esperam aqueles que dormem).

Porém, o problema em estudar sem edital publicado reside justamente na falta de planejamento e de disciplina na preparação do candidato. Para essas pessoas o edital é visto como uma espécie de treinador, aquele que dará o pontapé inicial na maratona dos estudos. Mas os editais, em média, só disponibilizam um prazo de 60 dias para a realização da prova. Daí a importância do estudo antecipado.

Então como montar um planejamento para estudar antes da publicação do edital? Ainda tomando como exemplo o concurso do TRE-RJ, listamos algumas dicas bem úteis para facilitar esse planejamento.

1. Crie seu próprio edital, nesse caso, um "editalzão" com todos os conteúdos das matérias mais exigidas nos últimos concursos para esse tribunal.
2. Divida as matérias entre conhecimentos básicos (Português, Informática, Arquivologia) e específicos (Direito Eleitoral, Constitucional e Administrativo), deixando sempre mais tempo para aquelas em que você tem mais dificuldade.

3. Estipule uma meta semanal de estudo para essas matérias, alternando entre leitura, resumos, resolução de questões e, principalmente, muitas revisões.
4. Se você tiver condição financeira de frequentar um curso preparatório, escolha as disciplinas que tem mais dificuldade. Fuja dos pacotes fechados!

Esse tipo de planejamento fará com que você se prepare não só para um edital específico (TRE), mas para todos aqueles que exigem matérias correlatas (TRT, TRF, TJ etc).

Importante: quando o edital for publicado, reserve todo o tempo disponível somente para estudar as matérias novas e revisar o que você já tinha estudado antes.

59 Como fazer o planejamento de estudo depois da publicação do edital?

Esse é o famoso "se vira nos 30", versão para concurseiros. O significado disso: muita correria e angústia por não ter tido tempo de ver tudo. É mais ou menos essa a situação de todos quando o edital é publicado, quando você percebe claramente que, se tivesse um ano todo para estudar, ainda assim seria insuficiente, devido à quantidade de disciplinas que as organizadoras de concursos públicos costumam cobrar.

Mesmo assim, nem tudo está perdido! É perfeitamente possível para qualquer candidato ficar muito bem colocado em qualquer concurso estudando, mesmo depois da publicação do edital. Até aquele que trabalha o dia inteiro ou ainda esteja estudando, desde que tenha realmente comprometimento e aproveite cada minuto disponível do seu tempo para essa preparação. Quem não conhece alguém ou uma história daquele candidato que se enclausurou no quarto e só saiu de lá no dia da prova, conseguindo passar dentro do número de vagas? Nós conhecemos várias!

Vamos pensar numa preparação pós-edital, como uma sequência de tarefas que se deve seguir como se fosse nossa própria rotina diária: acordar, atividades, refeições, dormir. Seguindo essa mesma lógica, a estratégia de estudo pós-edital funcionaria assim:

1. **Começando** – separe todo o conteúdo das matérias exigido para o seu cargo e faça um quadro de estudo, dividindo esses conteúdos por domínio ou dificuldade da matéria, peso no concurso e o tempo de estudo para cada um.
2. **Colocando a mão na massa** – comece estudando as matérias que você tem mais conhecimento, para ganhar confiança, e depois parta para aquelas matérias novas ou em que tenha algum tipo de dificuldade.
3. **Tática de guerra** – monte uma estratégia eficiente de abordagem dos conteúdos, ou seja:
    a. leitura com marcações, anotações e resumo de tópicos importantes;
    b. resolva o máximo possível de questões da mesma organizadora para a qual irá prestar a prova;

- c. monte vários simulados, com a mesma quantidade de questões, assunto e tempo de duração para resolver a prova. Se possível, até no mesmo período do dia em que acontecerá a prova;
- d. Reserve de dez a quinze dias somente para revisão de todas as suas anotações.
4. **O grande dia** – finalmente, esteja bem fisicamente (descansado e relaxado) para o grande dia, reservando pelo menos dois dias anteriores à prova para o lazer e boas noites de sono (não vá morrer na praia!).

Importante: o planejamento de estudo deve iniciar no mesmo momento da publicação do edital. Não vá fazer igual à história do regime: deixar para começar só amanhã, na segunda-feira, no próximo mês... Quando você se der conta o dia da prova já chegou.

60. Como organizar uma grade de horários de estudo sem prejudicar a qualidade de vida?

Ter qualidade de vida nos estudos significa manter, na condição de concurseiros, níveis adequados de bem-estar físico, mental, e emocional, e de relacionamentos sociais. Uma vida saudável não deve ser algo a ser deixado de lado em busca de mais tempo para se dedicar aos estudos.

É sabido que nem todos podem se dedicar, com absoluta exclusividade, ao estudo para concursos públicos. Logo, precisam se dividir entre tarefas tidas como "obrigatórias", como trabalhar, pagar contas, estagiar, entre outros, e as demais tarefas que dão prazer ou cumprem os objetivos traçados, como estar com a família, participar de organizações religiosas ou filantrópicas, namorar, fazer atividade física, e uma gama infinita de outras atividades.

No meio desse turbilhão de acontecimentos está o estudo para concursos públicos e, ao nos decidirmos por estudar com seriedade, deixando prazeres acessórios e transitórios de lado para dedicar cada minuto que nos resta ao estudo, poderíamos, em algum momento, falsear nossa dedicação e correr o risco de não aguentarmos a rotina se nos privamos do essencial – que é cuidar (também) de nós mesmos.

A palavra-chave é *equilíbrio*, para tudo em nossas vidas. Precisamos equilibrar nossas atividades para tornar nossa rotina adequada aos parâmetros de saúde física e mental, cuidando para que nosso corpo esteja sadio e nossa mente continue apta a nos auxiliar no estudo. Sem exageros. A linha entre a qualidade de vida e a rotina procrastinadora é tênue e precisamos ter cuidado.

1. Pratique exercícios físicos.
2. Participe de alguma organização religiosa ou filantrópica que lhe faça lembrar de seus propósitos sociais para se tornar um funcionário público, se sentir que necessita.
3. Reserve tempo para o lazer e para seus relacionamentos sociais (sua família, seus amigos, namorado(a), entre outros).
4. Alimente-se adequadamente. A atividade de estudar para concursos públicos é sedentária e exige que fiquemos muitas horas por dia em posição desconfortável. A alimentação adequada fortalece o ânimo e quando aliada à prática de exercícios físicos auxilia no processo de aprendizagem.

Estudar com o coração tranquilo e com uma rotina equilibrada exige mais esforço do que se supõe. Não podemos deixar que certos conselhos se tornem palavras vazias em nosso interior. Não há mal algum em retirar certo tempo de estudo para realizar atividades qualitativas quando essas mesmas atividades servirão para conferir eficácia ao aprendizado, ativar a memória da matéria estudada, liberar toxinas que causam danos ao nosso organismo e nos manter motivados para continuar.

61 É possível passar em concursos públicos estudando sozinho?

Sim, é perfeitamente possível estudar sozinho e ser aprovado nos melhores e mais concorridos concursos públicos do Brasil. No entanto, isso não quer dizer que é algo rápido ou fácil de se fazer, e muito menos que possa ser feito por qualquer pessoa.

Em primeiro lugar é preciso se atentar para a realidade de estudar sozinho, algo que implica muito P2D (Planejamento, Disciplina e Determinação)[1], além de paciência e persistência. Uma coisa é estudar com algo ou alguém que dite a rotina de estudos, como uma escola, faculdade ou cursinho, obrigando a pessoa a estudar em horários predeterminados e adicionais, quando necessário. Outra coisa completamente diferente é ter de fazer seu próprio horário de estudo e se forçar a estudar o quanto se deve na hora planejada, algo que se revela um tanto difícil de manter ao longo do tempo para muita gente.

Infelizmente, no Brasil a cultura do autodidatismo não é tão disseminada quanto deveria. Mas o que é ser autodidata? Recorramos à Wikipedia[2] para saber o que é:

> Autodidata é a pessoa que tem a capacidade de aprender algo sem ter um professor ou mestre lhe ensinando ou ministrando aulas. O próprio indivíduo, com seu esforço particular, intui, busca e pesquisa o material necessário para sua aprendizagem. O termo vem do grego autodídaktos. Que ou quem aprendeu ou aprende por si, sem auxílio de professores. Pessoas autodidatas em sua maioria normalmente enfrentam alguma dificuldade no início de seu processo de aprendizado, por falta de um professor ou mestre. Para se tornar um bem-sucedido autodidata é necessária uma grande carga de leitura e pesquisa sobre o tema estudado, suprindo assim a ausência de um professor ou mestre, o qual traria a resposta de forma mais fácil.

Estudar sozinho para concursos públicos continua sendo a opção, muitas vezes forçada, para grande parte de quem estuda para concursos públicos no Brasil. Isso se dá, principalmente, por conta do alto custo dos cursinhos para concursos públicos ou mesmo de não haver nem ao menos um bom cursinho na maior parte das cidades brasileiras, além, é claro, da onipresente falta de tempo disponível para frequentar esses cursinhos, uma vez que muitos dos que estudam

---

[1] Veja a pergunta número 51 para saber em detalhes o que é P2D.
[2] http://pt.wikipedia.org/wiki/Autodidata

e prestam concursos públicos têm de estudar nas horas vagas em que não estão trabalhando.

Apesar das dificuldades inerentes a estudar sozinho, são muitos os hoje felizes servidores públicos que há pouco tempo passavam longas horas diárias solitárias estudando para concursos públicos, cercados por livros, resumos e outros bons materiais de estudo. A maioria pode não ter passado ou sido empossada tão rápido quanto gostariam, mas o que importa é que no final foram aprovados e demonstraram que estudar sozinho para concursos públicos é perfeitamente possível.

São três os conselhos repetidos *ad nauseam* por quem já estudou sozinho para concursos públicos e hoje é servidor público:

1. Crie um planejamento de estudos, siga-o e sempre procure melhorá-lo;
2. Utilize os melhores materiais de estudo que puder, vendo-os não como gasto, mas como investimento;
3. Não desanime, nunca.

62 | Vale a pena investir na compra de livros para concursos públicos mesmo sendo mais caros que apostilas?

Até meados dos anos 1990 pouca gente se interessava pelo serviço público como escolha profissional, principalmente por conta de um círculo vicioso de baixos salários, corrupção e má fama. As coisas começaram a mudar a partir do governo FHC: assistimos à profissionalização do serviço público e a aumentos salariais vultuosos a fim de atrair os melhores e mais bem preparados trabalhadores do mercado.

Pois bem, até então era possível tranquilamente estudar para concursos públicos com qualquer apostila comprada por um valor pequeno em bancas de jornais. Nem era preciso estudar muito para passar, afinal de contas, pouca gente queria ingressar no serviço público. No entanto, estamos em meados dos anos 2011, num cenário completamente diferente, onde ingressar no serviço público se tornou um sonho dourado para os melhores profissionais das mais diversas áreas, uma vez que a Administração Pública hoje oferece ótimos salários, estabilidade no emprego e desafios profissionais, muito melhor que a maior parte das empresas privadas nacionais e mesmo multinacionais.

Tudo bem que são oferecidas anualmente milhares de vagas no serviço público, as quais, entretanto, são disputadas por centenas de milhares de concurseiros muito bem preparados, que estudaram com muito afinco e dedicação. Nesse cenário não há mais espaço para se estudar com simples apostilas, que na melhor das hipóteses podem ser utilizadas por concurseiros mais experientes como resumos de matérias.

Livros são melhores que apostilas por diversos motivos:
- são melhores elaborados, detalhando as matérias que abordam em um nível muito mais profundo que qualquer apostila;
- são escritos por bons autores e sofrem diversas revisões a fim de apresentar aos leitores o melhor texto possível, o que em geral não acontece com as apostilas;
- podem em sua grande maioria ser utilizados como material de estudo para mais de um concurso público;
- em termos de qualidade de impressão, do papel e da confecção, são muito mais duráveis que as apostilas.

Em que pese o fato de os livros custarem muito mais que apostilas, isso não deve ser visto como uma desvantagem. Utilizar seu dinheiro para comprar bons livros para estudar seriamente para concursos públicos é um investimento e não apenas um gasto. O primeiro se diferencia do segundo por conter um fator de valorização do capital empregado, que nesse caso é o aumento sensível de chances de ser aprovado em concursos públicos.

O grande perigo do uso de apostilas para estudar para concursos públicos reside no modo descuidado com que geralmente são produzidas, não sendo raros erros crassos, leis desatualizadas, explicações que mais complicam que explicam e por aí vai, algo que definitivamente é indesejado para quem quer que estude seriamente para concursos públicos e torna o investimento nesse tipo de material de estudo pura perda de tempo, dinheiro e esforços.

63 | Vale a pena investir na compra de cursos online, audioaulas e videoaulas?

Realmente a internet vem mudando a vida de cada vez mais pessoas por todo o mundo. No Brasil, o acesso à internet de banda larga só faz crescer, principalmente no interior do país, processo que deverá se acelerar exponencialmente caso o projeto de disseminação da internet de alta velocidade (Plano Nacional da Banda Larga – PNBL) seja implementado pelo governo federal.

Para quem estuda para concursos públicos a internet é uma dádiva, permitindo tomar conhecimento de forma muito mais rápida, fácil e gratuita de concursos lançados em todo o país, ter acesso a provas de concursos anteriores e, principalmente, entrar em contato com outros concurseiros para obter dicas de como estudar, dos melhores materiais de estudo, tirar dúvidas etc. Estão se tornando cada vez mais comuns os cursinhos e professores que oferecem material de estudo online, ou seja, que são comercializados e disponibilizados na Internet em formato 100% digital, como os cursos sequenciais em formato PDF (texto), em áudio ou, como é cada vez mais comum, em vídeo.

"Será que vale a pena investir na compra desse tipo de material de estudo digital?", perguntam-se muitos concurseiros. Pois bem, a melhor e mais honesta resposta para essa pergunta é: depende. Há materiais e materiais de estudo disponibilizados na Internet, desde os muito ruins até os excelentes, os quais, claro, têm preços muito diferentes.

Os materiais de estudo digitais de alta qualidade oferecidos por cursinhos tradicionais e professores renomados geralmente valem o investimento. Contudo, materiais de estudo muito baratos produzidos por desconhecidos devem ser vistos com muita desconfiança e analisados com cuidado, a fim de não se cair na mesma armadilha que é comprar e estudar por meio das famosas apostilas.[1]

A melhor maneira de saber quais os melhores materiais de estudo digitais oferecidos na internet é buscando a opinião de outros concurseiros que já o adquiriram, seja passivamente (lendo relatos em comunidades, listas de discussão e blogs) ou ativamente (perguntando nesses mesmos lugares). Dessa forma você saberá diretamente de quem estuda como você para concursos públicos quais as opções de cursos digitais, vídeo ou audioaulas que realmente merecem o seu investimento.

---

[1] Para saber mais, leia a pergunta 62.

64 | Não tenho condição de comprar um vade-mécum para acompanhar as leis, ele é muito caro. Existe algum meio de ler legislação atualizada?

As vantagens de se comprar um vade-mécum para o estudo de matérias jurídicas são muitas: facilidade de consulta, portabilidade – isto é, podem ser levadas a quase todos os lugares $\frac{3}{4}$, organização e comodidade, pois se evita ler diretamente na tela de um computador, hábito que, com o passar do tempo, pode ser prejudicial à visão.

Entretanto, para quem não dispõe de tantos recursos como gastar cerca de cem reais na compra de um vade-mécum (evidentemente atualizado), visto que os recursos financeiros da maior parte dos concurseiros são limitados, o ideal é buscar alternativas. Enumeramos duas: a primeira é obter acesso diretamente aos Diários Oficiais, sobretudo o da União, que diariamente publica leis e decretos através do portal da Imprensa Nacional (http://www.in.gov.br), ou mesmo pela publicação em papel, disponível em diversas repartições públicas. O segundo meio que enumeramos, até mais simples, é acessar o site da Presidência da República, que possui uma extensa base de legislação em vigor e pode ser consultada em http://www.planalto.gov.br ou pelo http://www.presidencia.gov.br. Não se cobra nada pelos acessos, e a legislação neles contida é atualizada de modo muito mais expresso do que a em papel.

Ressaltamos, porém, que há casos nos quais a legislação no papel auxilia bastante, como nas situações em que o examinador permite que a lei (seca, sem anotações ou comentários) seja consultada durante a prova. Nessa hipótese, é bom ter a legislação em mãos, seja por vade-mécum, códigos isolados ou mesmo impressão em papel das normas mais relevantes, como é o caso da Constituição da República. Considerando, entretanto, as altas despesas de impressão do material compilado da internet, o concurseiro precisa verificar se não é o caso de investir em uma obra que, embora seja cara num primeiro momento, lhe trará a vantagem de ser empossado em cargo público, e a reposição do valor gasto.

65. Qual a importância da prática de exercícios físicos no contexto da preparação para concursos públicos?

A prática de exercício físico regular beneficia todos os aspectos de nossas vidas, nos dando mais disposição para realizar tarefas diárias, liberando substâncias positivas para o organismo e aliviando o estresse.

Mas já sabemos disso. O que talvez ainda não tenha sido aprendido por todos nós, concurseiros, é que retirar o tempo de atividade física para ganhar mais horas de estudo por semana não é uma solução sensata para nossa falta de carga horária.

A prática de exercícios auxilia na adequação de nossa postura corporal, tão mitigada por horas de estudo, quando estamos curvados sobre os livros; aumenta nossa resistência ao cansaço; eleva nossos níveis de concentração e combate a ansiedade. E como precisamos de tudo isso, não é verdade?

Estudar é uma maratona! Passar mais de 8 horas estudando, ou se dividir entre trabalho (que muitas vezes, dependendo da profissão, também se exerce de forma sedentária, sentados e/ou utilizando o computador) e estudo, além de frequentar cursinhos, aulas de pós-graduação, fazer estágios profissionalizantes e, depois de tudo, ainda enfrentar concursos públicos com 5 horas de duração para responder a perguntas complexas, usando, em média, 3 minutos para cada questionamento, não é para qualquer um!

Precisamos de preparo, e isso só se adquire se ensinarmos nosso corpo a resistir. Por isso, cuide bem de seu organismo e de seu corpo. De três a quatro vezes por semana, por uma hora, é suficiente!

Aproveite o tempo. Você pode relaxar ouvindo música enquanto se exercita, conversar com aquele amigo que não vê há tempos ou mesmo com algum familiar. Pode também rezar, ler um livro ou até estudar. A decisão é sua e em acordo com a rotina de estudos que você mesmo estabeleceu. Mas se exercite, pois lhe fará muito bem.

66 | Como estudar as matérias jurídicas?

No início, estudar as leis que regem nosso país parece algo complexo. A sensação que se tem é a de tentar formar uma ideia em meio a uma sopa de letrinhas.

Para dissipar esse impacto inicial, o ideal é fazer uma primeira leitura desse jeito mesmo: sem entender muita coisa, mas usando um dicionário jurídico. Afinal, nem sempre o que está dito em "juridiquês" tem o mesmo sentido da palavra em sua acepção comum. Depois, use um livro jurídico de linguagem bem didática e explicativa para traduzir esse novo universo de conceitos para o seu entendimento.

Outra solução igualmente boa é procurar um curso preparatório que ofereça aulas sobre o assunto que você pretende estudar. Note que o cursinho é um mero coadjuvante e que o estudo em casa é fundamental para começarmos a aprender verdadeiramente algo. Com toda a leitura, a elaboração de resumos e os mapas mentais, em realidade é fazendo os exercícios que surgem as dúvidas. Com os questionamentos, percebemos que estamos começando a estimular nossos cérebros. Assim, notamos que estamos caminhando para a interiorização dos conteúdos. Por isso, não deixe as dúvidas te perseguirem: tire-as com o(a) professor(a).

Muito importante também é insistir em aprender algo que seja complexo, pois o direito é cheio de nuances, visto que não é uma ciência exata, como a matemática. Dessa forma, de tanto procurar entender e acostumar sua mente com aquela informação, um dia ela será "gravada" em definitivo na sua cabeça. Nada fará com que a matéria saia da sua mente!

Se encontrar autores com opiniões divergentes sobre um determinado assunto, não se assuste porque essa é uma das peculiaridades do Direito. Não à toa, temos de um lado os defensores e de outro os promotores. Assim, existem diversos prismas sobre uma mesma questão. Essa é a grande beleza que o Direito possui como ciência humana, pois não esgota temas. Há sempre evolução e uma nova discussão.

Seja bem-vindo ao belo mundo do estudo das ciências jurídicas!

67 Como estudar a legislação "seca"?

Não é segredo que grande parte das matérias exigidas na seara dos concursos públicos (à exceção de certas matérias não jurídicas) exige, em seu aprendizado, a observância de seus regramentos legais. Assim, estudar a Doutrina nem sempre esvazia o aprendizado da disciplina, que deve vir, sempre, acompanhado da leitura dos textos legais concernentes, com a mesma dedicação e empenho.

Estudar a legislação "seca" (ou lei "seca") é estudar o regramento legal assim como foi publicado oficialmente, ou seja, sem explicações ou comentários de autores. Para tanto, é preciso notar que há duas formas, igualmente importantes, de se fazê-lo. A primeira delas é concomitante ao estudo das doutrinas, ou seja, por ocasião da leitura de um livro jurídico devemos sempre ter em mãos o texto legal a que se refere a leitura, e ir buscando a íntegra das referências doutrinárias para incorporar e fixar seu conteúdo legal.

De outro modo, também é preciso que, constantemente, se reserve tempo apenas para a leitura do texto legal "seco", sem que venha acompanhado de qualquer referência doutrinária, repetindo a leitura periodicamente e memorizando a maior quantidade de detalhes possível, acompanhando as modificações legislativas e apreendendo o conteúdo das súmulas dos tribunais superiores.

Isso porque algumas bancas examinadoras ou mesmo determinadas modalidades de concursos públicos podem vir a exigir (como já o fazem) conhecimento aprofundado das questões legislativas ou mesmo entendimento majoritário de tribunal superior a respeito de determinada matéria, o que nem sempre é observado pelos concurseiros, e esse é um diferencial importantíssimo na hora de lutar por sua aprovação.

Por isso reserve um tempo, diário de preferência, para a leitura de artigos de lei (das matérias constantes do edital) ou estipule um número de artigos a serem lidos durante o dia, em momentos oportunos (vinte ou trinta artigos), incluindo súmulas e orientações jurisprudenciais, e jamais estude sem ter em mãos o texto legal necessário, pois essa técnica de estudo lhe renderá valiosos pontos, tenha certeza.

68 | Como fazer exercícios jurídicos?

Para ser aprovado em um concurso público é imprescindível que se treine exercícios. Muitos. Variados. Constantemente. Contudo, muitas pessoas simplesmente se esquecem do quanto essa tarefa é importante, estudam doutrinas e até fazem a leitura da legislação, sem sequer avaliar o que têm estudado.

Fazer exercícios ajuda a melhorar nossa capacidade de concentração, a buscar pelas respostas de forma mental, avalia como está o andamento e o funcionamento das técnicas de estudo que escolhemos e, evidentemente, é um meio muito eficaz de se estudar.

Portanto, não deixe de montar o seu banco de exercícios e de selecionar momentos diários e semanais para a resolução de questões. Separe uma ou duas horas por dia para essa tarefa, além de mensalmente simular as condições de prova de um concurso verdadeiro. Manter-se sentado, realizando uma prova sem consulta por longas horas lhe ensinará a pensar e a se adaptar às condições reais que enfrentará, e a condicionar o seu cérebro para saber como agir, positivamente, quando isso acontecer.

Separe provas dos concursos anteriores (da mesma banca examinadora e instituição), e as encaderne criando um sistema de organização por tipo de prova ou tipos de cargos. Depois, à medida que for resolvendo os questionamentos, marque as questões que encontrar mais dificuldade (para fazê-las novamente depois de algum tempo de estudo) e as mais interessantes, e não as perca de vista. Retorne e faça-as novamente. Realize autoavaliações. Treine. É recompensador e realmente funciona!

69 Como estudar redação?

É sabido que grande parte dos editais de concursos públicos vem exigindo conhecimentos de redação em suas provas, seja por ocasião da resolução de questões dissertativas, seja por meio de provas práticas técnico-jurídicas, com a confecção de peças processuais partindo de uma questão-problema.

De qualquer forma, é de extrema importância incluir o aprendizado da redação em nosso planejamento de estudos, logrando estar preparado para tais modalidades de prova que, muitas vezes, influenciam consideravelmente na nota final do certame.

É possível dividir o estudo da redação em duas etapas: a primeira diz respeito à gramática portuguesa, ou seja, para escrever bem é preciso que se escreva corretamente. Assim, mesmo que o concurso que você almeja não elenque como disciplina essencial a língua portuguesa, é importante também ter em mãos um bom material para auxiliá-lo e tirar dúvidas em sua escrita.

A segunda etapa diz respeito à logicidade própria das redações e à interpretação do enunciado da questão. Nesta etapa incluimos mais duas submodalidades, uma formada por redações que se consubstanciam em resposta a perguntas subjetivas (dissertativas), e a outra caracterizada pela redação subentendida nas provas prático-profissionais e na confecção de peças processuais.

Para respostas dissertativas de questionamentos é preciso compreender que existe um limite de linhas previamente fixado pelo examinador, sendo certo que a aferição de nossa pontuação levará em conta a logicidade e o raciocínio jurídico empreendido dentro de tal espaçamento.

Portanto, é preciso treinar a resolução de uma questão sem que pareçamos prolixos em um aspecto da temática, e sucintos demais em relação a outros (a logicidade envolve dividir o espaçamento de acordo com a importância da proposta de resposta).

De igual modo, é imperioso treinar a confecção de peças processuais (para aqueles que concorrem a cargos especificamente voltados a bacharéis em Direito), de acordo com as normas e direcionamentos da atividade que queremos exercer, atendendo assim as expectativas do examinador.

Dito isso e considerando a importância do treinamento, reserve um período de estudo diário ou semanal para a escrita de redações e, se possível, submeta-as à correção gramatical e jurídica por parte de um professor. Certamente são as correções que nos auxiliam na modificação de nossos hábitos de escrita, tão impregnados em nosso cotidiano, sendo a execução continuada de redações, respostas dissertativas e peças processuais fatos diferenciais na consecução de certames, por isso, não perca tempo!

⭢ Em inglês os termos para se falar sobre concursos são bem diferentes.

Especialmente nos Estados Unidos não existe concurso público: lá ocorre a nomeação de candidatos indicados com base no mérito escolar ou em currículo bem recheado. Logo, quando se faz a versão de um texto relacionado a concursos públicos para a língua inglesa, muitos termos são copiados da iniciativa privada e outros usados para definir melhor o conceito que se pretende passar. Confira alguns, sugeridos por nós para explicar a um falante de língua inglesa o significado de expressões do meio concurseiro:

- Concurso público: *tender* (não confundir com aquela carne especial de Natal...), *public examination, Public Sector job selection*;
- Prestar concurso: *apply to, apply for* (mais enfático);
- Passar em concurso: *win the job, get the job, be selected, be hired by the Public Sector*;
- Vagas: *positions, vacancies*;
- Cadastro de reserva: *reserve register*;
- Cargo público: *office*;
- Emprego público: *public employment*;
- Função pública: *civil service*;
- Banca examinadora: *examining board*;
- Bibliografia: *literature, bibliography*;
- Conteúdo programático: *syllabus, test program*;
- Concurseiro: *candidate, applicant*;
- Inscrição: *application*;
- Edital: *public selection rules*;
- Diário Oficial: *gazette, government gazette*;
- Prova: *examination, exam, testing, test event*;
- Prova de múltipla escolha: *multiple choice test*;
- Prova discursiva: *discursive test*;
- Cartão-resposta: *answering card*;
- Classificação: *classification, placing*;
- Recurso: *appeal to examining board*;
- Investidura, nomeação, posse: *investiture*;
- Estabilidade: *stability, security, permanency*;
- Vencimentos: *salaries*;
- Homologação: *approval, ratification, confirmation*;
- Lotação: *seating*;
- Administração Pública: *Public Sector, Government*.

70 O que é melhor: estudar de madrugada ou de dia?

O dilema de muitos concurseiros é a falta de tempo para estudar (sobretudo os que se dividem em várias tarefas), o que os leva, por vezes, a sacrificar determinados períodos em prol de algumas horas a mais de estudo como, por exemplo, estudando de madrugada.

Há ainda aqueles que estudam neste horário por se tratar de um período tranquilo e silencioso, ou ainda porque rendem melhor à noite. Motivos não faltam para estudar durante essas horas. Afinal, o que você faz da meia-noite às seis da manhã? Muitos estudam.

Seja qual for o motivo da decisão de se estudar de madrugada, é imperioso que se reflita se a qualidade de vida será mantida para tanto (ou pelo menos uma parcela dela). Não adianta estudar muito de madrugada durante duas semanas e depois sentir os reflexos dessa atitude por um longo período, prejudicando sua própria saúde.

Depois de sopesados os limites aceitáveis de qualidade de vida (por que nos referimos a limites aceitáveis? Porque são necessários certos sacrifícios no decorrer desse processo de preparação e, portanto, precisamos descobrir quais os nossos limites), nada impede que se estude de madrugada, na hora do almoço, aos domingos, no parque, na igreja, ou onde mais a criatividade humana nos levar.

O importante é que funcione para você! (Como tudo o que diz respeito aos concursos públicos, aliás.) Se funciona e lhe agrada, e se realmente não trará prejuízos para a saúde (ou seja, se você continua mantendo uma alimentação saudável, com bem-estar físico e mental, dormindo uma quantidade mínima de horas para um bom repouso, encontrando aqueles que ama), não existe motivo para não estudar de madrugada.

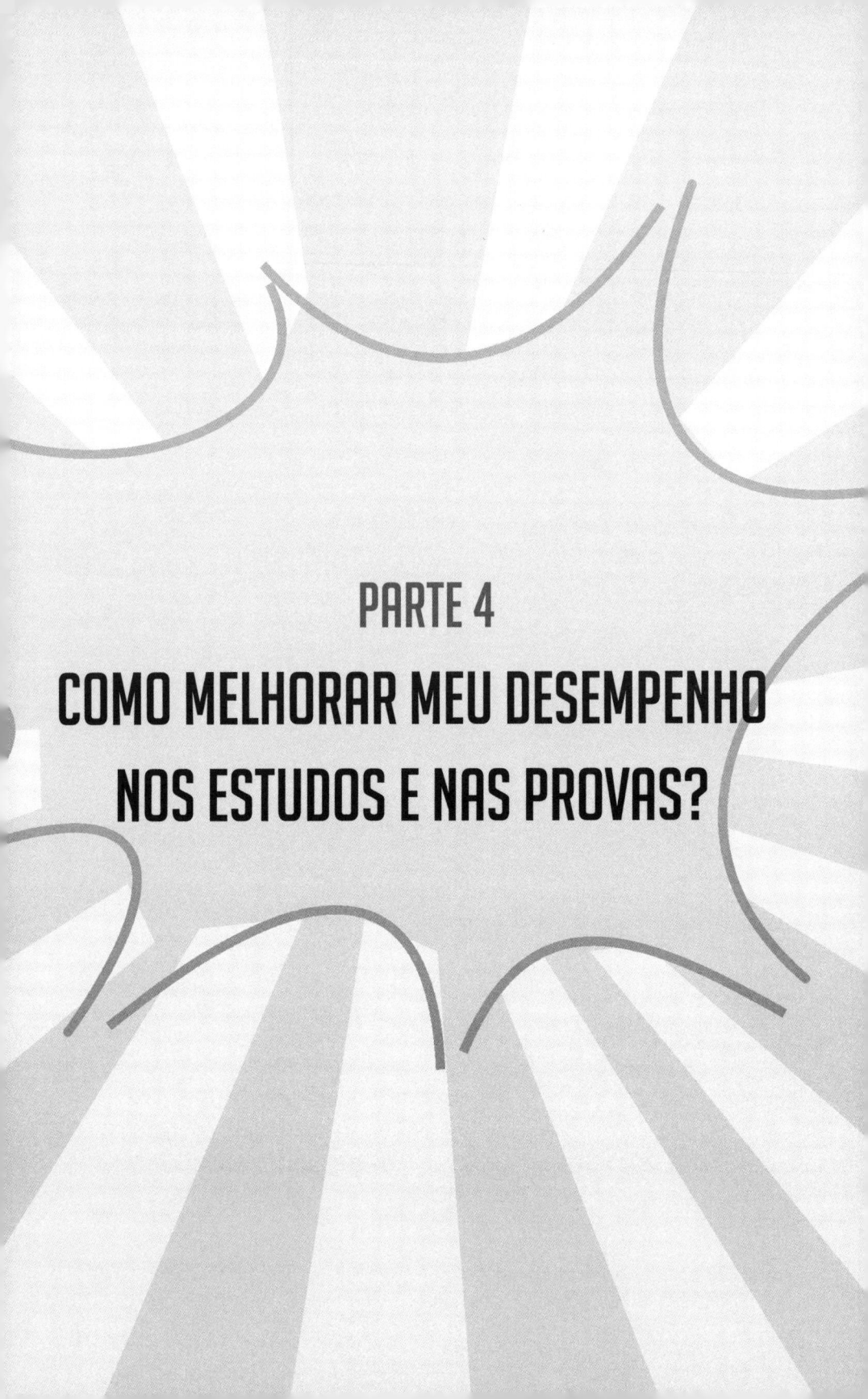

PARTE 4
COMO MELHORAR MEU DESEMPENHO NOS ESTUDOS E NAS PROVAS?

71. Estudo muito, mas não estou vendo os resultados quando faço as provas dos concursos. O que eu poderia fazer para perceber onde estou errando?

Primeiramente, é bom procurar alguém que faz concursos, um professor, ou algum colega que já tenha passado. Eles podem te dar boas pistas sobre onde você pode estar falhando.

Segundo ponto: quais são as matérias nas quais seu desempenho é pior? Comece a se perguntar se você gosta dessa matéria ou não. Os simulados são boas ferramentas para avaliar sua preparação para concursos. Veja como você prossegue neles.

Basicamente, é preciso estar atento a duas coisas: como estão indo suas notas e como você tem se sentido. O primeiro é mais fácil, já o segundo, um pouco mais complicado, mas nada que não se resolva. Por exemplo, é bom ter um caderno e anotar como você se sentiu da última vez que fez uma determinada prova, para saber seu nível de segurança. Se estava ansioso, feliz, desmotivado. Quais eram seus pensamentos durante a prova? Será que era, "Ai! Lá vou eu mais uma vez."? Esse pensamento não é lá muito encorajador, não é? É necessário que você vasculhe cada cantinho da sua vida de concurseiro, porque certamente tem alguma coisa apontando onde a diferença está ocorrendo, por mais que não consiga ver. Por isso é necessário que você pesquise tanto os dados quantitativos (notas das provas) quanto os qualitativos (seu grau de emoção, mudanças de humor, nível de segurança, nível de consciência).

Há de se ter um critério muito, mas muito crítico. Principalmente autocrítico, para que você possa, por exemplo, pensar nesta possibilidade: *"Será que eu posso estar não querendo ver as mudanças, para que lá na frente eu venha a desistir? Será que as mudanças ocorrem, mas são mudanças que não me agradam e então por isso eu acabo não querendo aceitá-las?"* São muitas perguntas que você pode fazer a si mesmo. Mas tenha em mente que quase sempre, e estimamos aí 99% das vezes, nós somos responsáveis pelas coisas que acontecem conosco e principalmente pelo modo como nós lidamos com elas. Não podemos responsabilizar outro por fazermos determinadas escolhas em nossas vidas, como desistir ou se engajar profundamente em algo. Somos nós quem determinamos o andamento de nosso destino e exatamente por isso temos de ir atrás de respostas sempre. Essa pergunta, "o que eu poderia fazer para perceber onde estou errando?" pode muito bem ser substituída por "o que eu poderia fazer para acertar?". Talvez então você diga que se essa segunda pergunta for feita, significa que você já sabe onde está errando, não é? Concordamos, mas então fazemos a seguinte pergunta: e se você realmente souber, mas não sabe que sabe? Confundimos a sua cabeça? Vamos explicar melhor.

Quando determinadas informações ou conhecimentos são armazenadas em nossa mente, elas passam por vários filtros. Um desses filtros é o nosso sistema de crença. Dependendo do seu arranjo de crenças essas informações podem ser manipuladas para te favorecer ou boicotar. A questão aqui é que quando você faz um tipo de pergunta que o seu cérebro comumente não responderia, ele se vê obrigado a se reorganizar. É nesse momento que ocorre a mágica das novas associações. Quando você cria uma pergunta diferente do que é padrão, a sua mente precisa se adaptar a essa nova realidade e com isso acaba te obrigando a ver o mundo sob um novo prisma.

Quando parte-se da premissa que já se sabe a resposta e somente está tentando acessá-la, a sua mente entende que ela já existe e aí começa a se mover em direção a uma resposta que seja altamente compatível com a sua necessidade naquele momento.

Bem, não custa tentar!

72. Devo descansar ou estudar nos dias que antecedem uma prova de concurso público?

Essa é uma dúvida de muitos e muitos candidatos às vagas de concursos públicos. Alguns dizem ter fórmulas de estudo para a véspera da prova e garantem que esse é o melhor método. Outros afirmam que não estudar um ou dois dias antes da prova é muito mais proveitoso. Mas, afinal, qual seria a melhor técnica para a véspera da prova?

A verdade é que não existe uma técnica perfeitamente aplicável a todas as pessoas. As pessoas são diferentes e possuem experiências e modos de agir muito distintos. Não podemos generalizar e aplicar a mesma técnica a todas as pessoas. Vejamos uma situação hipotética para que você compreenda melhor.

Se pegarmos um grupo de pessoas e dissermos a elas que **não** devem estudar nesses dias que antecedem a prova, certamente, uma parte dirá que fez a coisa certa não estudando nesses dias e, outra parte, afirmará que se tivesse estudado nesses dias teria tido um melhor desempenho, ou mesmo, teria ficado mais tranquila antes da prova.

O fato é que nem tudo que se afirma ser o correto serve para todas as pessoas, justamente por elas serem diferentes. Então, o que devemos fazer para saber qual a técnica a utilizar?

Faça testes! Questione! Seja um investigador! Já dizia o professor William Douglas, em suas pakestras, sobre a técnica de véspera:

> Em um concurso, não estude na véspera e veja como você se sente. No outro concurso, estude muito, faça tudo que quiser e puder. Com qual das duas técnicas você se sentiu melhor? A resposta dessa questão é a sua técnica.

Fácil, não é mesmo?! Se não formos ousados para questionar tudo que nos passam como "verdade absoluta", sempre acharemos que há algo de errado conosco quando, na verdade, não somos nós o problema.

73 | Como fazer um roteiro bem planejado para a hora da prova?

É impressionante a quantidade de concurseiros que se prepara com tamanha eficiência para um concurso, faz um ótimo planejamento de estudo, mas chegado o momento de colocar tudo o que aprendeu em prática, ou seja, no momento de tirar a "prova dos nove", perde-se em pequenos detalhes absolutamente desnecessários. O que resulta, na maioria das vezes, em desclassificação e perda de estímulo para continuar estudando.

Ao contrário do que muita gente pensa, na hora da prova não basta só saber todo o conteúdo, é preciso ter um plano, uma estratégia de guerra para conseguir administrar tantas coisas ao mesmo tempo: ansiedade, nervosismo, cobranças, os brancos da memória e o pouquíssimo tempo para responder a dezenas de questões.

Essa estratégia para a hora da prova precisa ser bastante antecipada, como se fosse um mapa, uma referência organizada do percurso para onde se pretende ir. Dessa forma, além de economizar tempo, o candidato, consequentemente, terá mais tranquilidade e mais chances de sucesso na prova.

Veja como funciona um roteiro sistemático para você seguir e não ficar perdido na hora de fazer a prova:

Ponto de partida: Comece obedecendo a uma ordem de execução: iniciando pelas disciplinas que você tem mais conhecimento (para ganhar confiança), até as consideradas mais difíceis. Para que este roteiro funcione, nunca pule essa sequência.

Exemplo de uma sequência cobrando nove disciplinas:
1. Informática
2. Direito Constitucional
3. Direito Administrativo
4. Direito Processo do Trabalho
5. Administração Pública
6. Orçamento público e finanças
7. Regimento Interno
8. Português
9. Raciocínio Lógico-Matemático

Voo rasante 1: Faça inicialmente uma primeira passada de vista, uma leitura rápida em cada questão fazendo marcações com símbolos.
Exemplo:
✓ – eu sei (tenho certeza)
✶ – dúvida (chute)

Voo rasante 2: Na segunda passada de vista, vá marcando o cartão-resposta somente com as questões marcadas com o símbolo "eu sei" (✓), observando sempre o que diz o comando das questões ("exceto", "salvo", "é" "correto", "incorreto", "apenas em") e só deixe para marcar as questões com dúvidas (✶) quando finalizar o tempo de prova (não tenha pressa, só saia quando o tempo realmente se esgotar).

Nunca estacione: Ficar estacionado em uma questão por mais de um minuto pode ser decisivo no *sprint* final (aquele momento da corrida em que o atleta dá o máximo de velocidade ao se aproximar da linha de chegada). Marque com o sinal de dúvida (✶) e siga em frente, obedecendo sempre a sequência das matérias. Talvez na próxima ou até na última passada você consiga se lembrar da resposta.

Economizando tempo: Durante todas as "passadas", não esqueça de ir marcando o cartão-resposta toda vez que encontrar questões com o símbolo (✓). Assim, você já elimina aquela terrível dúvida: "será que vai dar tempo para marcar o cartão?"

Marca-texto: Como não é permitido usar caneta marca-texto, vá sublinhando e separando as palavras-chave com uma barra (|), como se estivesse separando as sílabas. Dessa forma será mais fácil visualizar os erros da assertiva.
Exemplo:

No tocante aos Direitos e Deveres Individuais e Coletivos, é <u>correto</u> afirmar que:
b) <u>é livre|o exercício de qualquer trabalho,|ofício ou profissão|, independentemente|de serem atendidas as|qualificações profissionais|que</u> (***veja o erro***) <u>a lei estabelecer.</u>

Chute certo: No caso do chute, tente ser o mais objetivo e lógico possível, eliminando as assertivas pela comparação com os outros itens.

Exemplo:
Marta, empregada da empresa COPA, engravidou logo após a assinatura do seu contrato de trabalho. Neste caso:
a) é vedada a sua dispensa desde a confirmação da gravidez até **quatro meses** após o parto.
b) é vedada a sua dispensa desde a confirmação da gravidez até **cinco meses** após o parto.
c) é vedada a sua dispensa desde a confirmação da gravidez até **seis meses** após o parto.
d) é vedada a sua dispensa desde a confirmação da gravidez até **três meses** após o parto.
e) não é vedada sua dispensa.

Note que a Justiça do Trabalho sempre beneficia o trabalhador, então só comparando, você já eliminaria a letra A, D e E, restando apenas a B e a C, mas é lógico que mesmo a justiça do trabalho beneficiando sempre o trabalhador, **seis meses** é muito tempo, sendo cinco meses um prazo mais razoável e lógico. Portanto, correta a letra B.

Atenção: Cuidado ao marcar o cartão resposta. Use o seu documento de identidade como régua para ir marcando o local correspondente.

Carregando as baterias: Com duas horas de prova, peça um tempo para você mesmo e vá ao banheiro, ainda que não esteja com vontade. O simples ato de levantar e caminhar um pouco já é capaz de ativar a memória e a concentração. Em seguida coma algo enérgico (barra de cereal, chocolate) e beba bastante água.

Importante: lembre-se que em prova de concurso público não existe a questão do fator "sorte" (como na loteria), nem prova mal elaborada, ruim, fácil, ou difícil. O que existe realmente é uma boa preparação do candidato. Lembre-se: candidato preparado, candidato aprovado.

74. Não sei a resposta da questão. Devo "chutar" a questão ou deixo em branco?

A resposta é: depende.
Como assim? Depende do quê?

Depende de um conjunto de regras estabelecidas pelo edital do concurso que você fará! Exemplificando: se o edital do concurso estabelecer que a prova é composta de questões de cinco alternativas, em que só existe uma única alternativa correta, e **não** afirmar que haverá perda de pontos caso a resposta não esteja de acordo com o gabarito oficial definitivo (em outras palavras, perder pontos por errar as questões), certamente, você deverá "chutar", pois se não fizer isso estará desperdiçando a chance de ganhar aquele "ponto" tão importante para o resultado final.

Nesse tipo de prova, se você deixar em branco, não somará pontos, mas se vier a arriscar a sorte, "chutando", você terá 20% de chances de acertar a questão e aumentar a sua nota. Às vezes, esse chute poderá lhe render uma aprovação! Pense nisso!

Complementando o caso acima, se o edital definir que **haverá** perda de pontos caso você erre a questão, é aconselhado não se arriscar, pois você terá sua nota diminuída.

As provas do Centro de Seleção e de Promoção de Eventos (Cespe/UnB) são temidas pelos concurseiros uma vez que essa organizadora utiliza, via de regra, um sistema de "punição" para aqueles que chutam questões. O Cespe atribui um ponto caso a questão esteja correta e retira um ponto caso esteja errada. Nesses casos, não devemos nos precipitar! O chute tem chances de 50/50 – 50% de chances de acertar e 50% de chances de errar – o que torna essa decisão muito difícil de ser tomada. O chute dependerá necessariamente de quanto você estudou a matéria. Se souber a matéria, a probabilidade de você se sair bem chutando a questão é maior, mas, se não souber, ficará nas mãos da incerteza e dependerá exclusivamente da sorte. É como dizem por aí: "Quanto mais se estudo, mais sorte se tem."

Existem métodos que aumentam as chances de você, concurseiro, chutar uma questão com mais eficácia. Para isso eu recomendo a leitura do livro *Como passar em provas e concursos* do mestre William Douglas. É uma leitura fundamental para aqueles que almejam aprovação em concursos públicos.

75 | É possível melhorar meu ambiente de estudo?

Otimizar seu estudo passa, necessariamente, por otimizar seu ambiente de estudo. A extensão física do local em que se vai trabalhar é tão importante quanto a aquisição de bons materiais e a decisão de se dedicar com seriedade.

Assim, de nada adianta adquirir bons livros e criar um bom banco de questões se o local onde estudo é escuro, a cadeira é desconfortável e a mesa é sempre bagunçada. Organize-se!

Comece separando os livros (um de cada matéria constante do edital) que você estudará primeiro, deixando-os no mesmo lugar (e tendo fácil acesso). Depois, separe os livros que, não obstante não sirvam como primeira consulta, serão úteis para questões mais polêmicas ou aprofundadas e, igualmente, coloque-os em lugar reservado, mas diverso dos livros de primeira consulta.

Estude em um local com boa iluminação e mantenha uma boa postura física ao estudar. Além de cuidar da sua saúde, há baixa de concentração e de aprendizado se as condições de estudo não são adequadas.

Vale a pena gastar um pouco de tempo para organizar não somente seu plano de estudos e de horários, mas também seu ambiente de trabalho. Não existe nada pior do que estudar sem disciplina e sem organização. Materiais distantes e perdidos levam tempo para ser encontrados e desmotivam. Use caixas de arquivo para guardar seus resumos e redações e faça doações dos livros que você não está mais usando (há sempre alguém precisando de ajuda).

Muito do ambiente de estudo ainda é transpassado por nossa postura pessoal. Desligue todos os seus meios de comunicação ao iniciar seu estudo (isso varia, pois há pessoas que estudam utilizando o computador, claro), e retorne ligações ou responda e-mails e mensagens em redes sociais posteriormente. Seja disciplinado e organizado. Um bom ambiente de estudo, limpo e funcional, causa um grande impacto em seu aprendizado. E isso importa!

76 | Por mais que eu tente, não consigo me concentrar nos estudos. Existe alguma técnica para melhorar isso?

Da mesma maneira que um mal-estar súbito sinaliza para uma possível doença grave, a falta de concentração avisa que algo não vai bem e que antes de começar a planejar os estudos é necessário cuidar primeiro desse terrível problema que incomoda diretamente milhares de concurseiros. Mas o que é realmente "concentração"? De forma bem resumida, concentração é a capacidade de manter nossa atenção focada em alguma coisa. Portanto, se você não consegue sequer pensar no que vai fazer, já é um sinal de que sua concentração está lá no espaço ou voando por aí sem um destino fixo.

Quando usamos nossa imaginação estamos automaticamente nos concentrando em alguma coisa. Um ótimo exemplo disso é quando se está apaixonado. Nesse momento nossa concentração fica toda voltada para o parceiro e o relacionamento, a ponto de algumas pessoas perderem a própria noção da realidade e cometerem verdadeiros desatinos. Outro exemplo bem prático e, até mesmo, clássico, é quando estamos assistindo aos jogos da seleção brasileira de futebol, durante a copa do mundo. Ficamos tão concentrados em frente à TV que esquecemos de tudo, até mesmo de comer, dormir ou ir ao banheiro.

Claro que existem outros exemplos de total concentração, citamos esses dois para mostrar como conseguimos estabilizar nossa atenção quando fazemos algo que nos interessa e que nos dá prazer. O que não acontece quando estamos fazendo algo muito entediante, como estudar uma matéria considerada chata. É incrível, mas imediatamente e, inconscientemente, tratamos logo de arrumar qualquer pretexto para fazer outra atividade.

Bem, agora que já conhecemos um pouco sobre o que é concentração, vamos aprender três técnicas que vão melhorar e muito o foco e a atenção para os estudos:

Estabilizando a sua concentração: Antes de começar a estudar, feche os olhos e tente visualizar mentalmente o seu local de estudo com o máximo de detalhes que puder: a sua mesa de estudo, os livros, as canetas, a cadeira em que está sentado etc., sinta como se realmente estivesse tocando cada objeto. Faça esse exercício toda vez que for iniciar seus estudos. Ele é uma forma de meditação e aumento da concentração, pois direciona sua mente para o momento em que ela precisa de toda a atenção que puder.

Agenda de atividades: A principal causa de desconcentração é sem dúvida a falta de uma agenda de atividades diárias, tanto para os estudos, como para as tarefas diárias. É humanamente impossível conseguir levar 30 minutos de estudo de boa qualidade, com a cabeça em um ou vários compromissos. Para isso crie duas listas:

- **Lista de estudos** – liste todas as matérias que irá estudar naquele dia com horário certo para começar e terminar. Nunca vá dormir sem ter organizado o estudo do dia seguinte.
- **Lista de tarefas diárias** – anote todas as suas atividades diárias, desde a consulta médica, até o passeio com o cachorro, o papo no telefone ou internet com o amigo, namorar etc., e só comece a estudar quando todas as tarefas agendadas forem cumpridas. Lembre-se: no estudo quem precisa estar presente é a sua concentração e não somente o seu corpo.

Pedindo tempo: Determine um tempo para cada matéria e quando esse tempo se esgotar, exija de você mesmo mais 5 minutos de estudo e vá aumentando gradativamente até chegar em 10 ou 15 minutos a mais. Essa técnica forçará tanto o seu corpo como a sua mente a permanecer mais tempo na cadeira e com a atenção voltada para o estudo.

Algumas dicas para evitar distrações durante o estudo:
1. Estude em local bem iluminado, ventilado e silencioso, de preferência, em bibliotecas (lá seus principais sabotares não poderão entrar).
2. Organize todo o material que vai precisar, antes de começar a estudar.
3. Determine as pausas para descanso, entre 15 a 20 minutos, e use esse tempo para fazer algo diferente do que estava fazendo (ir ao banheiro, fazer um alongamento, caminhar). O importante é relaxar!
4. Desligue o celular, a internet e avise a todos que não quer ser incomodado.

Importante! A melhor técnica é manter sua concentração e atenção voltada para o seu principal objetivo: sua aprovação no concurso público.

77

Estudo muito, porém não consigo lembrar nada, e minha memória é péssima. Como faço para melhorá-la e lembrar-me de tudo que estudei?

É bastante comum, no meio concurseiro, ouvir reclamações como "sofro de falta de memória" ou "tenho péssima memória". Antes de tudo, devemos saber que ninguém (exceto em decorrência de alguma doença crônica), tem memória boa ou ruim, todos nós temos a mesma capacidade de memorizar muita coisa, principalmente aquilo que nos interessa. O grande problema é que muita gente não a utiliza de maneira correta, ou seja, não utiliza métodos práticos para treinar sua memória e acaba tendo problemas para esquecer até de coisas simples como: nomes de pessoas, números de telefones, datas e, no caso dos concurseiros: aquela questão facílima na hora da prova (o famoso "branco").

A dificuldade da memorização é que ela requer disciplina, determinação e muita prática, além, é claro, de cuidados com a saúde, pois o corpo doente faz com que a memória também seja bastante comprometida (corpo são, mente sã).

Então, como fazer para ter uma boa memória para estudar para os concursos públicos? Simples, treine sua memória utilizando as seguintes técnicas de memorização:

1. **Atenção e observação** – leia marcando com marca-texto, sublinhando ou anotando em uma folha as palavras-chaves do texto. Fazendo isso você estará automaticamente focando sua atenção para o que lhe interessa e a sua observação para a mensagem que o autor do texto queria passar. Esse exercício serve para qualquer matéria (português, direito, informática, matemática etc.), visto que todas elas precisam ser compreendidas e não simplesmente decoradas.

   Exemplo prático: Art. 5º, XVIII, CF – a criação de associações/ e, na forma da lei,/ a de cooperativas/ <u>independem</u> / de autorização, <u>sendo vedada</u> a <u>interferência estatal</u> em seu funcionamento;

2. **Repetição com associação** – nesta técnica você vai ler (mentalmente ou em voz alta) todas as suas anotações ou os resumos das leituras anteriores, repetidas vezes. Essa leitura deve ser diária, tentando fazer ao mesmo tempo associações do que você está lendo com objetos, pessoas, símbolos ou coisas que você imagine no momento. O importante é não deixar de praticar.

Exemplo prático: Art. 6º São direitos sociais: a educação (*escola*), a saúde (*hospital*), a alimentação (*prato cheio*), o trabalho (*trabalhador*), a moradia (*sua casa*), o lazer (*crianças brincando*), a segurança (*polícia*), a previdência social (*aposentado*), a proteção à maternidade (*mulher grávida*) e à infância (*criança*), a assistência aos desamparados (*mendigo sendo ajudado*), na forma desta Constituição.
3. **Revisão** – Esta técnica é a última e a mais complexa, pois serve para fixar o conteúdo memorizado nas técnicas anteriores. Estas revisões podem ser feitas por meio de leituras rápidas, de perguntas e respostas, da resoluções de questões e exercícios de completar a frase. Com o tempo a memória tende a desfragmentar-se, sendo necessário, portanto, revisões diárias e periódicas sobre os assuntos estudados.

Importante! As técnicas de memória devem ser praticadas diariamente e não somente quando queremos lembrar alguma coisa.

78. Estudo várias horas em um dia e passo outros sem sequer pegar no material. Por que razão isso acontece comigo?

Porque uma pessoa leva 21 dias consecutivos em média para formar um novo hábito. Crie um cronograma bem divertido de estudo e no final de 21 dias você já estará muito bem e realizando seus estudos sem interrupções.

Hábitos são formados assim. Quantas vezes por dia você escova seus dentes? Uma, duas, três? Pouco importa. Você por acaso consegue deixar de escovar seus dentes um dia sequer? Consegue sair de casa sem usar um desodorante ou perfume? Consegue acordar de manhã e nem sequer lavar os olhos? Certas coisas já são hábitos arraigados, estão cravados em nosso ser. Não dá para dissociar certos hábitos de certas pessoas, não é verdade? Se você quer de fato se habituar a estudar, tem de passar por período de gravação desse hábito. Para isso é necessário que você se engaje ao máximo nessa meta.

79 | Só consigo estudar escrevendo e, com isso, perco muito tempo. Há algo de errado comigo?

A resposta é: não. Não há nada de errado com você. Todas as pessoas são diferentes e, devido a essas diferenças, o aprendizado também ocorre de formas distintas.

Há pessoas que aprendem somente ao visualizar as coisas. Outras aprendem mais rapidamente ao ouvirem o que está sendo dito na aula. Também há aqueles que só aprendem se "colocarem a mão na massa", ou seja, tornando o aprendizado o mais real possível.

Existem inúmeras maneiras de aprender. Mais importante que isso é você ser capaz de identificar qual delas você deve utilizar para que obtenha o maior rendimento possível.

Experimente todas as técnicas: escreva, escute, veja, desenhe, fotografe, digite, pule, grite, escreva em braile, enfim, teste todas elas para que você possa se conhecer melhor e aproveitar o máximo do que cada técnica tem para oferecer.

Não precisa ser necessariamente uma delas. Pode ser uma combinação de duas, três ou mesmo, todas elas. O importante é você utilizá-las para otimizar o tempo de estudo. Com esse conhecimento é possível que você consiga aprender muito mais em quantidade de tempo muito menor, mas, para isso, será necessário encontrar a forma que lhe confere maior benefício.

Perceba que estamos falando sobre o meio mais adequado de aprendizagem e, quanto a isso, não há uma fórmula mágica. Cada um tem o seu jeito de aprender.

Logo, se você só consegue estudar escrevendo, verifique se os outros métodos não te ajudariam a diminuir a quantidade de escrita sem diminuir o nível de aprendizagem.

Se não for possível substituir porque haverá perda no seu rendimento, ou mesmo, na sua assimilação do conteúdo, não substitua.

Continue escrevendo porque você também vai passar em concursos. Do seu jeito, você também chega lá!

80. Como devo fazer para poder estudar 12 horas por dia como dizem fazer muitos concurseiros em fóruns e comunidades sobre concursos públicos e também em cursinhos?

Em primeiro lugar, não acredite em tudo o que outros concurseiros dizem. São comuns entre os concurseiros menos sérios, que infelizmente existem em grande número, as tentativas de se apresentarem como mais sérios e dedicados do que realmente são, geralmente caracterizadas por falsas afirmações de que estudam muito mais horas do que é humanamente possível ou obtiveram melhor desempenho em certames.

É fato que estudar sério para concursos públicos é um projeto de médio ou longo prazo. Estamos falando de um, dois, três e até quatro anos de estudo exaustivo, diário, sem férias. Não é preciso ter diploma em Medicina para saber que é impossível para o ser humano estudar tanto tempo (12 horas diárias) sem apresentar, em poucos meses, quadro avançado de fadiga mental. Logo, desconsidere quaisquer dos concurseiros que afirmam falsamente que estudam mais de 10 horas diariamente. Claro que é possível estudar 10 ou até 12 horas diariamente, mas por períodos curtos, que não chegam a um mês, que dirá por anos. Agora veja esta definição para "aquecimento desportivo": [1]

> Aquecimento é uma técnica normalmente praticada antes de atividades desportivas ou de exercícios físicos. Consiste em aumentar gradualmente a intensidade da atividade física, incrementando também a temperatura corporal. O aquecimento é tão essencial e benéfico para quem faz exercícios, que é indispensável incorporá-lo em nossas atividades físicas. Ele evita e previne lesões graves, atuando também contra as dores no corpo.

São muitos os concurseiros que acham que podem de um dia para outro passar a estudar longos períodos, algo que geralmente tem resultados danosos. Assim como nosso organismo precisa ser aquecido antes de iniciarmos uma atividade física intensa, o mesmo ocorre com nossos cérebros. O mesmo vale para quando iniciamos uma atividade física regular ou os estudos para concursos públicos. O recomendado é que comecemos com algumas horas diárias, que então serão aumentadas progressivamente até atingirmos o quanto podemos ou desejamos estudar diariamente.

---

[1] Disponível em http://ptwikipedia.org/wiki/aquecimento_desportivo

O mais recomendado é que você comece estudando duas horas por dia e faça isso durante duas semanas, então passe para quatro horas diárias pelas próximas duas semanas, depois para seis horas diárias por outras duas semanas e, finalmente, passe para oito horas diárias, o máximo recomendado sem comprometer a qualidade do estudo e, principalmente, a saúde do concurseiro.

"Cão que ladra não morde."

> É muito comum encontrar pessoas que alegam estudar para concursos públicos durante longas jornadas diárias, ter passado em diversos concursos, serem quase invencíveis como concurseiros, porém sem provar de forma convincente tais alegações. Ou seja, pessoas que falam da boca para fora, que aumentam os fatos, que mentem.
> Por que há pessoas que fazem isso? As causas possíveis são muitas. Algumas o fazem para enganar a si próprias, outras o fazem para sentir-se melhor por fazer outras pessoas sentirem-se pior. De qualquer forma, a motivação que leva alguém a fazer isso nunca é positiva ou desmerecedora de reprovação.
> Os cães mais bravos não perdem tempo em ladrar, em latir, eles avançam contra aqueles que tomam por ameaça e o fazem ferozmente. Os cães que ladram, ao invés de atacar, têm, no fundo, medo da ameaça e fogem a qualquer movimento mais brusco.

81 Não consigo ajudar meus colegas do cursinho porque sempre acho que eles são meus concorrentes. Estou certo em fazer isso?

A competição faz parte da essência humana. O concurso público, em essência, também é uma competição, contudo, nessa competição sempre perde aquele que é mais individualista.

Acho que muitas pessoas pensam que se ajudarem o colega de cursinho ele roubará a sua vaga. Aqui está um dos maiores equívocos!

Quando auxiliamos o nosso próximo, não há como sairmos perdendo:
- Quem ensina aprende mais do que aquele que está sendo ensinado.
- Ao ensinar, você também estará exercitando sua memória sobre o assunto.
- Quando você precisar tirar uma dúvida, essa pessoa que você ajudou também terá prazer em auxiliá-lo.
- Você estabelecerá mais uma relação interpessoal, que muitas vezes vira uma amizade duradoura.

Tenha sempre uma coisa em mente: a vaga do concurso público é exatamente o que diz o termo, pública! O mais preparado deverá ocupá-la. Esse é o objetivo!

O seu colega de cursinho está no mesmo "barco" que você. Ele apenas está tentando realizar um sonho, assim como você está!

Ele deve ser visto como um colega de empreitada, uma pessoa que o ajudará a atingir o seu objetivo, de uma forma ou de outra.

E se você ainda pensa que ele é apenas um concorrente é porque você se compara muito com os outros. Compare-se consigo mesmo! Não olhe para o lado para fazer uma comparação. Nessa "corrida" dos concursos, os atletas possuem níveis de preparação diferentes e é normal que os mais preparados incentivem aqueles que estão com uma velocidade mais baixa ou aqueles que já estão cansados dessa "maratona".

O mais incrível é olhar para aquele colega que há 10 minutos estava com uma dúvida tremenda sobre um determinado assunto e, por você tê-lo ajudado, agora ele pode prosseguir mais "alguns passos" nessa corrida. O sentimento de recompensa é indescritível!

Não seja egoísta! Ajude o máximo que puder! Doe-se o máximo e, com certeza, você receberá tudo isso de volta.

82. Vejo muita gente falar que estuda em grupo. Como isso funciona e como faço para formar um grupo de estudos?

Esta é uma dúvida muito comum entre os estudantes em geral e principalmente entre os concurseiros, pelo simples motivo da falta de motivação para os estudos. Acredita-se que é suficiente reunir algumas pessoas que estão se preparando para um concurso, em um determinado local, e simplesmente criar um ambiente parecido com uma sala de aula, com vários debates, resoluções de dúvidas e troca de experiências. Esta seria realmente uma boa estratégia de estudo para concurso público. Contudo, convém destacar que o estudo em grupo é uma técnica e como qualquer técnica precisa fundamentalmente de:

1. **Planejamento** – para organizar as aulas, os materiais, as atividades e os encontros;
2. **Disciplina** – para controlar os horários e as regras de convivência;
3. **Determinação** – dos integrantes para manter o grupo sempre com foco no objetivo.

Além disso, o estudo em grupo nunca deve ser organizado somente para um único concurso, como se fosse improvisado. Ele precisa ser igual ao estudo sem edital, pois de outra maneira criaria certa ansiedade e intranquilidade no grupo como um todo, acarretando falta de concentração pela chegada da data da prova.

O melhor e mais indicado é que o grupo de estudo seja criado como uma reeducação da maneira certa de estudar, ou seja, trabalhar técnicas eficientes para desenvolver algumas habilidades importantes como: concentração, memorização, saber ler, ouvir e, sobretudo, ajudar na motivação para que seus integrantes continuem estudando. Assim, além de melhorar o aprendizado, ainda estarão se preparando para qualquer concurso que queiram prestar.

Outro ponto que precisa ser destacado sobre o estudo em grupo é que essa atividade é apenas um complemento, portanto, de forma nenhuma o estudo sozinho deve ser abandonado, pois este é a principal viga mestra de um planejamento vitorioso.

Para a formação do grupo é importante seguir as seguintes dicas:
1. O grupo deve ter no máximo cinco integrantes e todos devem ter algumas coisas em comum: área de estudo (tribunais, fiscais, bancos), afinidade, disponibilidade de horários.

2. Divisão das tarefas e dos integrantes que ficarão responsáveis por elas (coordenadores).
3. Criação de regras de convivência para manter os integrantes disciplinados e principalmente comprometidos com os trabalhos do grupo.
4. Escolha do local dos encontros (muito importante), de preferência em bibliotecas, em salas próprias para isso.
5. Escolha, em votação, de um nome para o grupo. Isso cria personalidade e eleva a autoestima dos participantes.

Importante! Como toda técnica, o grupo de estudos precisa de muita prática para realmente dar certo. Por isso, é imprescindível o máximo de uso de outras técnicas para diversificar e melhorar suas atividades.

83 | Eu vejo tanta gente oferecendo material grátis ou resumo gratuito na internet, que fico tentado a usar. Só que eu ainda não passei no concurso dos meus sonhos. Será que o material tem problemas?

"Quando a esmola é demais, o santo logo desconfia." Esse é um velho e surrado ditado, mas serve direitinho para dar um choque de realidade em quem estuda para concursos.

Já sabemos que tentar processos seletivos públicos é a nova moda. Temos conhecimento também que, com isso, muita gente fica insegura e faz qualquer coisa para tirar a "concorrência" do caminho. Isso mesmo! Apesar de muitos de nós sabermos que, para quem estuda com seriedade, planejamento e disciplina, não há com quem concorrer, ainda existem pessoas (obviamente menos preparadas) que cometem esse tipo de deslealdade.

Sabemos também que material bom, abrangente e aprofundado custa caro, demandando muito desprendimento de quem vai gastar esse dinheiro. Além disso, temos consciência de que um projeto ambicioso como o de estudar para concursos requer muita ousadia e investimento real. Por isso, se você realmente deseja estudar por bons materiais, não deve se importar em pagar por eles. Afinal, um bom livro pode servir para diversos concursos.

O fato é que usar material de origem desconhecida pode custar-lhe a aprovação em concursos. Como sempre ressaltamos, muitas dessas apostilas são incompletas, desatualizadas ou repletas de erros. Às vezes, a intenção de quem divulga pode ser das melhores, mas não ajuda a quem se destina.

Além disso, existe também o risco de causar grandes prejuízos ao autor original, quando se trata de cópia não autorizada de livro. Essa prática lesa os direitos autorais e desincentiva a continuidade da atividade pelo autor da publicação. Afinal, ninguém que é lesado gosta de manter-se produzindo apenas para beneficiar a clandestinidade. Por isso, defendemos que é óbvio que esses materiais têm problemas.

Por outro lado, existem muitos materiais gratuitos excelentes que podem ser encontrados pela internet. São vídeos, áudios, apostilas, legislações anotadas que podem ser obtidas gratuitamente nos sites dos poderes judiciário, legislativo, executivo, dos Ministérios Públicos e dos diversos órgãos governamentais. Cumpre acrescentar que não podemos perder de vista as oportunidades de usar os materiais oferecidos como amostras grátis de cursos preparatórios. Vale tudo quando se deseja estudar para concursos. Só não vale usar materiais piratas que não são nada confiáveis.

84. Que espécies de lazer contribuem para a rotina de estudos e como conciliá-las?

A grande angústia que assola os concurseiros é a perda de elementos "prazerosos" durante a semana e que são substituídos pelo estudo, isso é fato.

Para responder a essa pergunta, partimos do pressuposto de que todos já passaram por um processo de conscientização sobre a própria responsabilidade na consecução de estudar. É inócuo tratar de formas de lazer que contribuem para nossa rotina de estudo, se ainda não conseguimos colocar o lazer na posição que ele deve ocupar nessa etapa de nossa vida.

Parece triste, mas a maioria dos concurseiros que engrossam as fileiras de inscritos para concursos públicos, não são sérios e comprometidos; estudam sem bons materiais, sem regramentos e organização e não se preocupam em combater o excesso de lazer que os circunda e, fatidicamente, os atrapalha.

Precisamos ser austeros nesse sentido, e conscientes de que cada um é responsável pelos rumos que a própria vida o carrega. Conhecemos o caso de um Promotor de Justiça que estudou 10 horas por dia para conseguir sua aprovação. E também de outro Promotor de Justiça que ia para a "balada" em véspera de prova oral e passava o carnaval em Salvador e que também foi aprovado no mesmo concurso público.

É como se cada um de nós tivesse um relógio interno que funciona por regras próprias, com ritmo de aprendizagem, necessidades e posturas diferentes. Por isso não dizemos que para ser aprovado em concursos públicos é preciso abdicar de todo e qualquer tipo de lazer, pois como dito anteriormente, há exemplos de pessoas que foram aprovadas e que atravessaram a etapa de estudos que hoje passamos sendo muito bem relacionadas.

Contudo, precisamos estar atentos para que nossas escolhas reflitam nosso comprometimento com o projeto decidido. Assim, se você decidiu ler este livro para tirar suas dúvidas, saiba que, em regra (com o tipo de exceção supramencionado), é preciso muita disciplina e austeridade para ser aprovado, o que significa que precisamos controlar os excessos de nossa rotina, de todas as ordens, incluindo o lazer.

Há certas modalidades de lazer que contribuem, e muito, para nossa vida de concurseiro. A leitura de livros que não trazem matérias contidas nos editais é útil para aumentar o vocabulário e a agilidade de pensamento, por exemplo. Assistir a filmes nacionais com conteúdos polêmicos pode servir para melhorar nosso senso crítico e servir como temática para redações nesse sentido. Praticar exercícios físicos ajuda (mesmo que indiretamente) no processo de aprendizado. O mesmo pode ser dito sobre se estar com aqueles que amamos.

  O importante é que seu foco nos estudos seja tão intenso, a ponto de lhe fazer procurar por aspectos sadios e equilibrados em todas as suas atividades diárias, para que todas sirvam, de alguma forma, ao seu projeto.

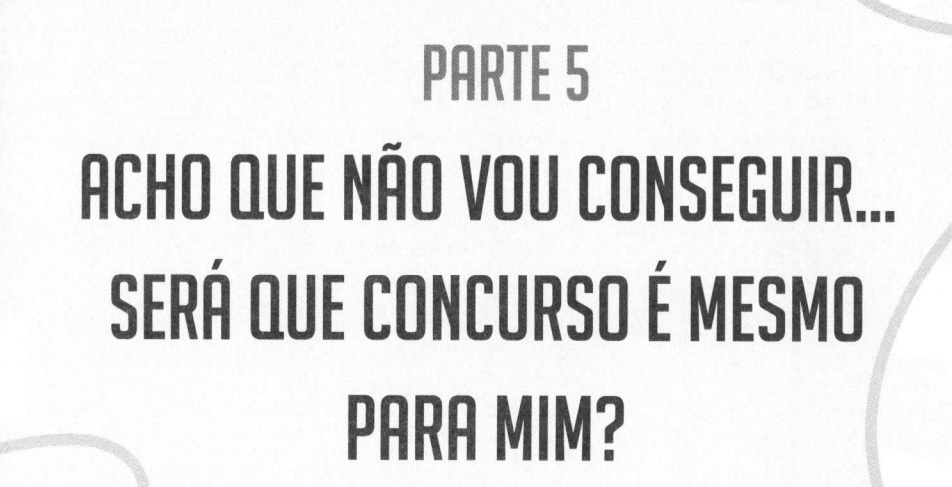

PARTE 5
ACHO QUE NÃO VOU CONSEGUIR... SERÁ QUE CONCURSO É MESMO PARA MIM?

85 Como otimizar minhas qualidades pessoais positivas no estudo?

Todos nós temos valiosas qualidades pessoais positivas que podem ser aproveitadas por ocasião do aprendizado. E todos nós, de forma paritária, possuímos a capacidade de superar dificuldades particulares e alcançar nossos objetivos, dentre eles, o de ser aprovado em um concurso público.

Algumas pessoas aprendem melhor ouvindo. Outras aprendem melhor dissertando sobre o assunto. Há estudantes que se saem bem quando escrevem, em forma de resumos, trechos da disciplina, e outros que precisam se envolver com o ambiente para que se lembrem dos assuntos tratados.

De qualquer forma, é preciso que saibamos aproveitar nosso potencial particular para alavancar nosso estudo, pois do contrário, estaremos subaproveitando nosso principal instrumento de trabalho: nós mesmos.

Então se você sabe que precisa ouvir a matéria e não está frequentando cursos preparatórios, grave resumos e os ouça, ou marque aulas em grupo com amigos, para que cada um dê uma aula sobre assuntos diferentes. Se precisa escrever, aprenda a fazer resumos e fichamentos que contenham informações corretas e necessárias, sem gastar muito tempo com aprofundamentos irrelevantes.

Mas não deixe de aproveitar suas qualidades, pois seus dons também realizam tarefas, ou seja, essas qualidades lhe servem para serem usadas em sua aprovação e não para ficarem guardadas dentro de seu interior esperando que você as esqueça.

Muitas pessoas, ainda que pessoalmente prefiram o estudo com métodos aproximados às suas qualidades, acabem por repetir instruções externas que não se amoldam muito com sua personalidade. E por mais que tais conselhos sejam válidos e fruto da experiência de outros concurseiros, é imprescindível que se apliquem à sua vida, para que não haja uso inadequado de seu instrumento de trabalho.

Assim, se você ainda não conhece quais são as suas qualidades, experimente técnicas e métodos de estudo variados, e vá colhendo os frutos de seus acertos e ajustando suas posturas para que lhe sirvam cada vez melhor.

86 De que forma meus pensamentos podem me ajudar ou atrapalhar para que eu consiga aprovação em um concurso público?

De muitas formas você pode se ajudar. Mantendo uma postura de aprendiz você se ajuda, pois saberá que, quando cometer erros, existem maneiras de consertá-los, ou, quando perder alguma questão na prova, saberá que isso é um resultado e não um fracasso. Um pensamento encorajador é aquele que lhe dá possibilidades de transformar limão em limonada; tragédia em lição e oportunidade.

De muitas formas também você pode se sabotar. Você pode querer fazer concurso público pelo medo do futuro. O futuro nem existe e você já tem medo dele?[1] Como o futuro não existe e tampouco o passado, e, dessa forma, a única coisa de fato existente é o fugidio presente, o seu medo do futuro ou nostalgia só podem tomar forma quando? No presente! Então todos os pensamentos negativos de medos e nostalgias são trazidos para o presente por você. Assim, perguntamos: se você tem medo do futuro ou frustração com o passado, como está o seu presente?

Quanto melhor você fizer o seu agora, melhor será o seu "a seguir".

Repare bem numa coisa. Certa vez fizeram uma pesquisa com pessoas que tinham distúrbios de personalidade, e perceberam que algumas pessoas que assumiam outras personalidades apresentavam determinadas complicações de saúde. Por exemplo, uma das pessoas em uma de suas personalidades era hipertensa e quando assumia a outra parte, se tornava diabética e a pressão sanguínea se normalizava. Como isso é possível? O poder das crenças. As crenças agem de duas formas na vida da pessoa, para construí-la como um ser mais consciente, livre e feliz, ou um ser mais dependente, aprisionado e machucado.

No que você crê? Comece por suas crenças globais. O mundo para você é...? As pessoas são o quê? E assim por diante. Até que você perceberá, no fim, que as suas crenças estão ou não alinhadas com o que você quer da vida. Por exemplo, imagine que alguém que quer trabalhar com atendimento ao público crê que todas as pessoas são desconfiadas e interesseiras. Como essa pessoa, a curto ou médio prazo, irá lidar com o público a quem está atendendo? Será que ela será uma boa profissional? Se você tem suas dúvidas, outras pessoas também as têm. Por isso temos de saber quais são as nossas crenças e quais são os nossos desejos. Há uma classificação muito interessante que funciona assim:

---

[1] Veja a pergunta 2 sobre projeto.

Desejos primários: são os desejos que, de certo modo, são abstratos e mais profundos, geralmente estão muito ligados ao inconsciente, mas se fizermos as perguntas certas muitos deles aparecem facilmente.

Desejos secundários: São as realizações, muitas vezes materiais, que trazem a satisfação desses desejos primários.

Um exemplo disso é o homem que quer comprar um carro conversível. Por que será que ele quer isso? Ele diz que esse é o maior desejo dele. O sonho de sua vida. A pergunta que fica é: "Qual sensação esse homem tem assim que ele entra em um carro conversível e começa a dirigi-lo?" Essa sensação, só saberemos perguntando a ele, mas já sabemos uma coisa: a sensação, o sentimento de dirigir esse carro é o desejo primário, o carro é o secundário. O carro acaba realizando essa sensação.

Então, podemos questionar: e se pudermos realizar esse desejo primário sem ter de passar pelo secundário? E se o que esse homem quer é se sentir livre, poderoso, viril? Será que ele somente pode se sentir de tal modo quando comprar o carro dos sonhos? E se o nosso amigo do carro depender dessa sensação de poder para tomar decisões importantes em sua vida? Será que ele terá de esperar primeiro ter o carro para somente então agir e conquistar seus maiores voos?

Já leram Fernão Capelo Gaivota?[2] O mais interessante de Fernão é que ele se questionava sempre, e mais: ele agia! Ele fazia as coisas acontecerem. Esse é o interessante. Fernão nunca esperou as coisas acontecerem em sua vida, e nem aceitava as coisas como elas eram. Fernão estava disposto a mudar suas crenças constantemente para que ele pudesse crescer e evoluir, e, por conseguinte, evoluir seus pensamentos. E você?

---

[2] *Fernão Capelo Gaivota* é um romance de Richard Bach, publicado em 1970. Uma gaivota de nome Fernão decide que voar não deve ser apenas uma forma para a ave se movimentar. A história desenrola-se sobre o fascínio de Fernão pelas acrobacias que pode modificar e em como isso transtorna o grupo de gaivotas do seu clã. É uma história sobre liberdade, aprendizagem e amor. (Fonte: Wikipedia)

87 | Sinceramente, não consigo acreditar que posso passar em um concurso público. Como desenvolver minha autoconfiança para mudar essa mentalidade e alcançar meu objetivo?

A sua pergunta já anuncia a resposta: "sinceramente, não consigo acreditar que posso passar em um concurso público." Eis algumas perguntas:
1. O que você faria para poder acreditar? (A pergunta parece um pouco estranha, mas não é. É preciso saber quais esforços você faria para conseguir acreditar.)
2. E se você acreditasse, como seria seu rendimento?
3. Que critérios você está usando para não acreditar?
4. Você se acha incapaz, acha que não merece?
5. Como se comporta uma pessoa que acredita que vai passar?
6. Se você tivesse essa crença, como você reagiria?
    Coloque-se nesse estado agora. Imagine que você é essa pessoa que acredita.
7. O que essa pessoa diria para si mesma?
8. O que ela diria para os outros?
9. Que metas ela teria?
10. Como ela se sentiria?

Coloque-se nesse estado de alta positividade e de crença de que possui os recursos para passar, que você está a cada dia mais próximo de seus objetivos e que é inevitável não passar porque você está caminhando nessa direção, então não passar não pode ser uma escolha, ser aprovado é o único caminho, já que sua força está voltada para essa única direção. Como você se sente, entrando agora no estado de crença de que passará e de que você tem os recursos necessários para tal? Reflita sobre isso. Leia e releia esse texto quantas vezes julgar necessário, até que a primeira frase "sinceramente, não consigo acreditar que posso passar em um concurso público" passe a ser a frase de outra pessoa, não mais a sua, e, dessa forma, não faça mais sentido para você.

Outro dado importante é que a sua crença precisa ser sustentada por uma base diária. Daremos como exemplo um caso hipotético. Imaginemos uma pessoa que sempre foi magra. Ela tem 1,60m de altura e pesa hoje 52,8 kg. Então, traçou uma meta: ficar com o corpo definido até o final do ano e engordar cerca de 7 kg. Para tanto, essa pessoa precisou fazer três coisas:

1 – Exame de sangue.
2 – Procurar um nutricionista.
3 – Procurar uma academia de musculação.

Ela está frequentando a academia há uma semana e três dias. Logicamente não apareceram músculos, mas ela já sente seu corpo mudando lentamente. A autoestima aumentou e ela se sente bem mais disposta para fazer todas as atividades diárias. Ela acorda às 5h40, chega em casa 8h30 e toma um segundo café da manhã.

O que isso tem a ver com concursos? Tudo! Por uma razão bem simples: se você começar a estudar cada vez mais, mais confiante você ficará e melhor. Utilize todas as técnicas, estude as estratégias, muna-se de conhecimento para que possa chegar lá, porque uma coisa é muito certa: assim que você começa a estudar, já está mais próximo de passar do que no minuto anterior.

88 | Como evitar a inveja de ver outros concurseiros irem melhor que você nos concursos públicos prestados?

Primeiramente, é necessário se questionar sobre a origem da inveja. O que ela é? Etimologicamente, inveja significa vontade de não ver. A inveja ocorre quando entendemos ter menos capacidade que o outro para realizar determinada coisa. Desse modo, a inveja não passa de uma reação a um sentimento de inferioridade. Como aquele que se sente inferior sempre tenta colocar os demais em um patamar abaixo do dele, assim que ele vê outra pessoa obtendo uma vitória que ele almejava, imediatamente quer fazer o quê? Fechar os olhos!

Por causa disso, o que você precisa fazer para conseguir sair da ideia de inveja é simplesmente mudar o modo como você vê. Comece por você mesmo. Por exemplo, você gostaria de ter um caso de sucesso perto de você? Alguém que possa lhe demonstrar como que se faz para chegar lá? Não seria ótimo ter uma pessoa assim? Um exemplo próximo em um momento em que precisamos tanto de situações reais e que nos deixa mais motivados a continuar, principalmente quando vivemos em um país onde a impunidade ainda prevalece e muitos concursos são fraudados? Evidentemente, centenas de coisas não vêm a público, mas sempre escutamos coisas aqui e ali, não é?

Então, imagine que você possa ter um amigo ou uma amiga que conquistou algo que você também almeja! Dessa forma você pode dizer, "se fulano conseguiu, eu também consigo!". Certo ou Errado? Por que você também não conseguiria? Se a resposta é "certo", quais são as qualidades que você possui para chegar lá?

Uma coisa interessante quando se tem alguém por perto que conseguiu passar em concursos é perguntar a essa pessoa o que ela fez para passar. Mas não pergunte o que ela estudou, ou quantas horas, pergunte, principalmente, sobre suas crenças. Por exemplo, algumas pessoas questionadas sobre como obtiveram sucesso em concursos públicos disseram que não pensavam no resultado, e sim em estudar e manter o cérebro sempre ativo.

A inveja pode ser deixada quando mudamos o nosso ponto de vista em relação a nós mesmos, pois o invejoso na verdade pensa que nunca vai conseguir alcançar aquilo que o outro conquistou, e no final acaba se sentindo um pouco, ou muito, injustiçado.

89 | Não passei. Acho que não vou conseguir. Será que devo desistir?

Depende. Trabalhar no serviço público não é a solução para todos os problemas da vida, apesar de resolver muitos deles, notadamente, aqueles ligados às finanças. Além disso, não é todo tipo de pessoa que gostaria de trabalhar no funcionalismo público. Forçá-las a isso pode fazer delas pessoas infelizes. Afinal, passar em concursos é algo trabalhoso. E para executar bem uma tarefa dessas é preciso muito comprometimento.

Quem diz que é fácil passar está dizendo uma falácia, pois, como dizemos exaustivamente, trata-se de um processo de longo prazo. É como fazer uma longa jornada que vai nos fazer passar por diversas fases de aprendizado. Por isso, é preciso ter uma tremenda paciência para perceber tais estágios e caminhar por eles.

Trata-se de uma experiência que envolve autoconhecimento, humildade, disciplina e muita, mas muita persistência. O estudo para concursos envolve a experiência de fazer provas, sentir o ambiente. E tais vivências conduzem a muitas reprovações, quase aprovações, aprovações fora do número de vagas do edital acontecerão. Faz parte da engrenagem reconhecer tais vicissitudes e não entender isso como um castigo dos céus para você. Portanto, não passar em uma ou diversas provas faz parte dessa preparação. Afinal, aprendemos muito com as reprovações.

Entendemos e vamos, por exclusão, detectando o que não se deve fazer para passar em concursos. Até que, um dia, depois de tanto excluir meios de não ser aprovado(a), descobre-se como ser aprovado.

Superada essa característica dos concursos, só podemos dizer: se pertencer ao setor público é o que mais deseja, vale a pena pagar o preço. Vale o investimento emocional, físico e temporal. Vale a pena não desistir e buscar, incessantemente, seu objetivo. Por isso, não desista de si! Deve ser muito doloroso ter de conviver com a frustração de ter deixado de realizar um sonho.

Se ser servidor público é o que você mais quer, prometa-se a partir de hoje que não vai mais pensar em desistir. Por isso, remova essa palavra do seu vocabulário, ok?

> "O insucesso é apenas uma oportunidade para recomeçar de novo com mais inteligência."
>
> *Henry Ford*

A trajetória do concurseiro sério é pontuada de insucessos em concursos públicos. É fato que somente não deixam de passar em certames ao longo de sua trajetória de estudos os concurseiros que não os prestam, atitude essa, diga-se de passagem, totalmente errada.

É somente caindo que aprendemos a como evitar cair novamente. Claro que esse aprendizado nunca é completo e absoluto, há muitas formas de cair e muitas são as causas para a queda. O aprendizado é, isso sim, progressivo e constante, nunca se aprende tudo, sempre há algo novo para aprender.

Cair, levantar-se e aprender com a queda, tentativa e erro, esse é o "pão de cada dia" dos concurseiros sérios. Durante uma fase de nossos estudos para concursos públicos não prestamos certames somente com a intenção de passar, mas de aprender com o que erramos. Isso não significa que devamos fazer uma prova já pensando em não passar, de modo algum, sempre devemos entrar em campo para ganhar, mas se a vitória não vier, devemos ter a coragem de aprender com a derrota, com nossos erros, pois isso nos tornará concurseiros melhores, até o ponto em que não perderemos mais.

90
Sempre fui bem nas provas de vestibulares, mas não consigo uma boa classificação nos concursos. Já estou até questionando minha própria capacidade intelectual. Será que é isso mesmo, burrice?!

Jamais! Pode ser ansiedade, medo e expectativa, burrice nunca! Para se passar em concursos é mais exigido disciplina e determinação do que inteligência. O concurso não avalia suas capacidades cognitivas e intelectuais, mas certamente seu preparo emocional e sua capacidade de se concentrar nas matérias que você está estudando.

Um aspecto curioso da pergunta é que se você já foi bem em provas de vestibular, como estava quando fazia as provas? Como você se sentia naquele momento? Quais eram as suas reações? Se você foi bem nos vestibulares, é certo que fazia as provas com um tipo de traço emocional, ou seja, você deveria estar seguro, tranquilo, despreocupado, interessado no conteúdo (não em tudo talvez, mas certamente em boa parte) e destemido. E qual foi o seu tipo de traço emocional em relação às provas de concurso público? Será que era o mesmo?

É interessante avaliar como você se sentia em uma situação e em outra, porque as matérias acumuladas para um vestibular são de três anos de estudo ininterrupto, durante pelo menos 8 horas, quase todos os dias. Será que uma prova de concurso público é muito mais desafiadora? Talvez seja pela relação candidato/vaga, mas certamente não deve ser pelo conteúdo ou pela prova em si, contudo, a concorrência existe nos dois casos. E no vestibular você tem a pressão maior de assistir aos seus colegas entrarem para a faculdade, andarem na vida e você fatalmente se sentir para trás. E uma coisa podemos dizer, isso com certeza passa na cabeça do aluno que de fato quer ter uma história de sucesso nas campanhas de vestibular.

Desse modo, você que faz concursos públicos precisa pesar um pouco que a situação de um vestibular, por mais que também seja um concurso público, é bem diferente de uma prova para a Petrobras ou para o Tribunal de Justiça. Há pessoas estudando não há 3 anos, mas há 5, 6, 10 anos! Não queremos que você se desmotive achando que só passará daqui a 10 anos. Cada um tem a sua história. O importante é perceber que os recursos para que você passe em concursos públicos já estão aí dentro de você e que isso é o que vale no final das contas, pois somente você pode se preparar tanto emocionalmente quanto intelectualmente para a prova, ninguém pode fazer isso no seu lugar, certo? Pense nisso.

91

Sou formado em veterinária, mas estou tentando concurso para técnico judiciário, técnico bancário e o que mais vier. Só que eu não consigo nunca passar. O que há de errado comigo?

Esse problema não acomete somente esse profissional da área biológica, mas também diversos concurseiros das mais variadas áreas. Seja por pura teimosia, seja por pura desinformação, a grande massa de pessoas que se propõe a estudar para concursos, em sua maioria, comete esse erro.

Aliás, se formos avaliar friamente, podemos ver que a massa que vai compor as relações de candidatos por vaga nunca estuda corretamente para concursos. Sobram poucos que usam técnicas para ter foco, direcionamento nos estudos. Por isso, quem estuda bem e sabe o que está fazendo nem precisa temer a concorrência.

O defeito na preparação dessa pessoa e de muitos outros estudantes está na ausência de progressão nos estudos. Essa gente quer abraçar o mundo! Só que não consegue absorver nada! Sem exagero, esse tipo de estudante quer abrir um sem-número de frentes de aprendizado, mas não dá desfecho a nenhuma delas. Simplesmente porque quer "aproveitar" todas as oportunidades de editais e inscrições abertas. Ocorre que, com essa falta de visão apurada, só se gasta dinheiro e não se vislumbra qualquer resultado prático.

Como corrigir essa falta de estratégia? Sugerimos escolher uma área de concursos e especializar-se nela. É o tal do foco, que sempre se busca enfatizar! Estude sempre o mesmo grupo de matérias, faça revisões periódicas das mesmas e resolva muitas questões de concursos sobre os temas. Os resultados e a evolução se farão presentes.

Quanto à insegurança de deixar algumas oportunidades passarem, cabe desmontar esse mito. Afinal, quando se decide estudar com seriedade para concursos, devemos fazer uma escolha de área de atuação. Como cada decisão traz em seu bojo uma renúncia, teremos que deixar alguns concursos passarem. Essa é a forma inteligente de se montar uma estratégia de evolução no universo dos concursos. Do contrário, muito dinheiro se gastará com cursos, livros e inscrições, mas não se terá bons frutos a colher.

Reitera-se, as oportunidades existem para serem aproveitadas, mas tudo de forma inteligente e otimizada. Por isso, se você escolheu abraçar a carreira da Veterinária, jogue-se com afinco nos estudos para os concursos da área, caso queira. Seus estudos evoluirão e os resultados poderão aparecer quando menos esperar.

92

> Eu não aguento mais esperar pelos resultados dos meus estudos. Demora demais! Estou abrindo mão da minha vida, da convivência com os meus amigos e familiares. Estou infeliz. Como reverter isso?

Sinceridade acima de tudo! Pergunte-se: "é isso o que eu quero para mim?" Existem múltiplos talentos no mundo. Reveja a sua vida e pense na possibilidade de o concurso público não ser a sua praia e que você pode até estar se sabotando, ou talvez a área em que você está querendo entrar não é a área do seu coração e outro concurso seria o mais adequado. Não é possível reverter o que está fora de você, mas é possível reverter os seus sentimentos. Revertendo os seus sentimentos você terá a chave da sua felicidade nas mãos.

Assim, você pode mudar os seus desejos. Trocando esses desejos e readaptando a uma condição mais próxima da sua essência, você estará em mais harmonia com aquilo que de fato você é. Assuma-se antes de tudo. Dentro de você está a solução para toda a sua vida, não no sistema. O sistema sempre irá tirar você do que mais importa neste mundo: você.

Por isso o foco no presente é tão importante quando a questão em pauta é a tomada de decisão. Isso acontece por uma razão bem simples. Vivemos em uma sociedade que dita as regras da felicidade e da infelicidade. Dizem que não ter um X de dinheiro por mês é ser infeliz, que não ter aquela roupa de marca é ser infeliz, ou ter um namorado ou uma namorada com aquele biotipo ou estereótipo específico está fora de moda etc. Sem contar as questões de perda! Quando a pessoa é traída em uma relação, a primeira pergunta do homem é: "o que vão dizer de mim por aí?" A mulher pensa: "nenhum homem presta?" Será que essas duas perguntas estão adequadas e refletem de fato o que a essência das pessoas dizem ou são simplesmente o eco de uma sociedade que procura sempre pensar da mesma maneira, sem nunca questionar o que nos chega.

É muito comum as pessoas falarem sobre PNL ou sobre o "poder do agora" como se fosse a última descoberta do século, como se fosse de fato algo novo e recentemente inventado. Poucos sabem que muitos princípios abordados pelos praticantes da PNL e do *coaching* já eram abordados pelos filósofos estoicos muito antes de Cristo! Mas mesmo assim as pessoas aceitam gratuitamente as coisas que chegam aos seus ouvidos. Alguém diz, por exemplo, "lancei um livro que trata de um método revolucionário para ensinar passarinhos a cantar bem alto". Mal sabem as pessoas que muito antes dele já havia um pioneiro. O autor da frase só usou a receita de bolo, fez um bolo com algumas leves modificações para que a essência não fosse totalmente perdida e, *voilá,* temos um "novo" produto diante de nossos olhos.

    O que queremos dizer com isso, concurseiro, é que você pode estar sentindo o *frisson* de uma massa que entende que somente de um certo modo é que se pode ser feliz. Então, repense bastante a sua história e veja se a sua essência está de acordo com o concurso que você está fazendo ou se até a sua vida passa pelo projeto de ser de fato um concursado.

93. Desde que não passei no último concurso dos meus sonhos, eu só choro, durmo e não consigo voltar a estudar. Acho que estou deprimido(a) por causa de tanta frustração. O que devo fazer?

Foque-se no presente. Faça um esforço de não sofrer com o que passou e tampouco ter medo do que virá. Nostalgia e esperança são os dois grandes males. A chave da felicidade e da paz está no presente, pois somente no presente é que as coisas são de fato reais, fora dela, o caos da imaginação, da dúvida e da especulação é o que reina. Tenho certeza que você busca segurança em sua vida e exatamente por isso quer evitar esbarrar em sofrimentos desnecessários. Certamente, lamentar sobre o passado ou ter medo do futuro lhe deixará paralisado, sem ação. Assim você não conseguirá passar. Lembre-se: não é estudar para passar, mas até passar.

E isso significa que você precisa renunciar ao desejo imenso de passar e assumir o desejo de querer saber mais e melhor. Pois estudar e saber mais você pode fazer agora! Isso é e sempre foi a única coisa que algum dia esteve em suas mãos. Com isso claro, resolvido e devidamente empregado, em breve você será um candidato fortíssimo e, o melhor de tudo, frio o bastante para fazer a prova, pois você não guarda expectativas em passar, já que a sua meta é simplesmente saber primeiro o conteúdo da prova.

O fato de passar ou não em nada muda a ideia de estudar para a prova. Se você idealizar por demais esse desejo de estar lá, vai acabar vivendo uma realidade que ainda não existe e quando essa realidade se desmancha você já estava tão apegado a ela que sofre muito com sua perda. Então, não se apegue à ideia ou a desejo algum, pois eles estão no futuro e o futuro não existe, ele é meramente uma projeção da nossa psiquê.

Uma das chaves para a felicidade está em perceber que tudo é passageiro, que as coisas são efêmeras, que tudo está fadado a morrer e desaparecer, ou então a se transformar em outra coisa, como diriam os estóicos.

O que aconteceu conosco é que somos parte de uma sociedade de filosofia cristã e essa filosofia nos ensina a crer e a ter esperança. O problema da fé é que ela nunca acessa o pensamento racional, pois fé significa confiança, e na confiança não há espaço para a crítica ou reflexão, você parte da premissa que essas verdades são verdades maiores e que o poder delas subjuga todas as outras coisas. Isso acaba nos levando muitas vezes a não ver o presente, pois temos certeza de que há alguém ou "Alguém" por nós, nos vigiando e que lá na frente quando tivermos "merecido" esse Alguém nos dará aquilo que queremos. É muito simplista, mas basicamente é isso mesmo.

Independentemente da sua religião, você pode até ser ateu, o cristianismo está presente em nossa sociedade de modo muito forte e ele não afeta somente os que acreditam. Por exemplo, o conceito de igualdade só nasceu por causa do pensamento cristão. Não havia essa ideia anteriormente e isso trouxe para o hoje a possibilidade de se pensar em uma sociedade em que os homens possam falar e se expressar sem barreiras. Na prática não é isso o que acontece, mas de qualquer modo é bem interessante se levantar esse lado da história.

Diríamos que o medo do futuro e a nostalgia são, em parte, "crias" desse pensamento cristão, pois como se induz muito à esperança e muito pouco à prática, nós todos ficamos muitas vezes nas nossas vidas gerando as tão conhecidas e traiçoeiras expectativas. São elas as responsáveis pelos surtos de motivação e pelas crises de depressão em muitos casos. Vivemos constantemente no mundo das ilusões. Vivemos projetando as coisas e não concluindo, como dissemos em outro momento. Logicamente, não sabemos qual é o verdadeiro motivo da sua depressão, mas repare se você não vive pensando no futuro ou no passado. As tristezas que trazemos para o presente estão muitíssimo vinculadas à colocação de pensamentos nos lugares errados e, principalmente, no tempo errado.

94 | É normal ter vontade de jogar tudo para o alto e desistir dessa história de passar em concursos públicos?

É sim. Mas há que se tomar muito cuidado, pois a questão de focar tem de ser muito bem feita. Por exemplo, há pessoas muito focadas em um único objetivo, não é problema algum, o problema seria se elas vissem apenas uma única opção de como chegar ao seu objetivo. Nesse momento elas podem jogar fora oportunidades que as levariam aonde elas querem chegar, somente pelo fato de terem uma ideia preconcebida do que é o caminho "certo". É possível jogar tudo para o alto? Não sabemos, mas é bom se planejar antes para que o empenho não vire uma guerra sem causa.

Quando as pessoas tendem a jogar as coisas para o alto elas acabam criando, infelizmente, um nível muito grande de expectativa e existe grande risco nisso, pois as expectativas estão sempre no campo da imaginação e essa mesma imaginação costuma nos pregar muitas peças.

Em um momento de lançar mão de muitas coisas para se focar em um objetivo concreto, o importante é saber, por exemplo, se você tem o resguardo necessário para estudar sem parar por no mínimo cinco anos ou mais sem correr riscos de ter um sério problema familiar ou se afundar por completo sem ter condições de respirar depois. Se isso acontecer, será muito mais difícil operar um estado mental, físico e emocional bom o bastante para poder estudar em paz. Você tem condições de ficar cinco anos sem trabalhar e alguém literalmente te sustentando até que as coisas de fato funcionem? Se não funcionar você já tem um plano B? Sabemos que devemos ser otimistas e nos fundamentar que o sucesso está ao nosso alcance, mas talvez ele demore um pouquinho mais do que você originalmente estava projetando. E se isso acontecer?

Estamos sendo um pouco o "advogado do diabo" com você, porque é sempre bom trazer os pés para o chão, principalmente quando estamos a falar de algo que ainda não existe: o seu futuro. Ele é simplesmente uma projeção mental sua, nada mais. Há riscos nisso. Você precisa se conscientizar de que as coisas podem funcionar ou não do jeito que você gostaria. Se elas não derem certo, você precisa estar preparado para mudar de tática.

Se você vai à guerra, precisa ter rotas de fuga. Sem rotas de fuga facilmente você acaba virando presa fácil para um inimigo bem armado, ou pior, bem planejado. Tenha múltiplas opções. Quanto mais opções tiver, mais fácil será sair de enrascadas que os imprevistos podem trazer.

95 | Toda vez que sai a concorrência de um concurso público eu penso em desistir. Tem muita gente! Como posso evitar esse tipo de efeito negativo?

Esse é um tema polêmico quando se trata de concursos públicos. Alguns professores acreditam que a concorrência interfere na luta por uma vaga no serviço público, outros acham que é apenas um número indicando a disputa pelo cargo.

Mas para você que fica "mal" ou extremamente desanimado quando vê aquela relação de 15.000 candidatos para 2 vagas, aqui vai um conselho: não pense na concorrência!

Não importa quantas pessoas irão fazer esse ou aquele concurso. O que importa, de verdade, é se você está se dedicando o máximo que consegue, se está tirando todas as suas dúvidas sobre a matéria, se está estudando por bons livros, se você é persistente, se está resolvendo as provas anteriores, enfim, se você está dando o máximo de si para atingir aquele objetivo que você traçou quando decidiu estudar para concursos públicos.

Apesar de não haver consenso se a concorrência interfere ou não na disputa por uma vaga, prefiro acreditar no conselho dado mestre William Douglas, em uma de suas palestras:

> Não há concorrência! Você é a única pessoa que pode se reprovar ou se aprovar em um concurso público.

Refletindo sobre essas palavras, há de se concluir que só por meio do seu próprio esforço e da dedicação você será aprovado. Não adianta pensar que tem muita gente concorrendo.

Ele também fez uma comparação sobre maratona e concursos públicos que achamos sensacional:

> O concurso público é como uma maratona: Uns correm mais rápido, outros mais devagar, cada um no seu ritmo, mas tentando alcançar o mesmo objetivo. Mais cedo ou mais tarde, se continuar correndo, você chega lá!

Cada pessoa tem o seu tempo. Deve haver concorrência sim: entre o "você de hoje", e o "você de ontem". Se o "você de hoje" for melhor que o "você de ontem" sinta-se feliz, pois, gradualmente, você estará mais perto de realizar os seus sonhos.

Quando é divulgada a concorrência de um concurso público só podemos tirar uma conclusão: que cada vez mais pessoas estão percebendo que o concurso público é uma boa escolha entre todas as possíveis. Talvez não a melhor escolha, mas, certamente, uma das melhores.

➲ O concurso mais concorrido do mundo.

O concurso mais concorrido do mundo foi realizado na Índia, país com maior número de funcionários estatais do mundo. Apenas quatro vagas para o cargo de Chefe de Tesouraria Colegiada do Congresso, disputadas por 28 milhões de pessoas. Portanto, 7 milhões de candidatos por vaga. Remuneração: 5.000 dólares mensais ao funcionário que tiver a felicidade de ser aprovado. Os candidatos, com qualquer formação, fizeram provas de matemática, contabilidade, língua inglesa e história indiana.

96 | Quero encontrar motivação, mas vivo num contexto familiar difícil, num lugar em que parece que nada vai para frente. Como resolver esse problema?

"Contexto familiar difícil" é algo complicado de julgar, mas tente, independentemente do seu caso, se questionar um pouco.

Primeiro, dê uma alfinetada no seu senso de julgamento: "Será que a minha família é difícil ou eu sou difícil?"

Depois, dê uma alfinetada na sua atitude: "O que eu posso fazer para resolver o problema? Como fazer com que as coisas dependam exclusivamente de mim e não de terceiros?" Essa segunda pergunta é fundamental, porque quando dizemos "eu não sei fazer isso porque a minha mãe nunca me ensinou", colocamos a responsabilidade de decisão de nossas vidas nas mãos de outro. Responsabilizamos o outro pela nossa felicidade, quando na verdade somente nós mesmos podemos nos dar felicidade. Então, com uma pergunta como essa, comece a avaliar: "Será que de fato eu estou fazendo algo por mim, ou eu continuo esperando que a minha família realize o que eles nunca irão realizar por mim e nem devem, pois eu é que devo tomar as rédeas de minha própria existência?" Crie sempre perguntas que você sozinho possa decidir. Sempre!

É algo para se pensar.

Quando estamos nos engajando em alguma meta de vida ou de carreira, sempre colocamos meios para impossibilitar nossas ações. Não há barreiras reais, há as barreiras que nós acreditamos que existam. Você sabe como se prende um elefante em um circo? Você deve imaginar que deva ser com uma corrente bem forte e grossa. Na verdade é com uma corda e um toquinho fincado no chão. Sabe por que o elefante não arranca aquilo e sai correndo? Porque ele acredita que aquilo de fato está prendendo ele ao solo, por isso ele não sai do lugar. Quantas pessoas em nossas vidas já disseram que isso ou aquilo não era possível?

Existe uma curiosa constatação em PNL de alguns atletas que rompem recordes. Até então, ninguém tinha conseguido marcar aquele tempo, ou número de pontos. Então, um deles tem a ousadia de dizer: "Por que disseram que não dá?" E pode até ir mais longe com sua pergunta: "Por que é que acreditaram na resposta?" Isso nos faz ver duas situações: a primeira, que há um mundo nos oprimindo constantemente, levando-nos a crer somente naquilo que eles entendam que seja bom e convencionalmente adequado para se viver com dignidade; e a segunda são os motivos que nos levam a concordar com o sistema. Nesse momento nós poderíamos pensar: "Não é mais fácil concordar?"

Veja o que o patologista forense Ryan Blumenthal fala sobre como as pessoas interpretam as informações, como funcionam suas perspectivas:

> Nós conhecemos o que acreditamos e acreditamos no que conhecemos.
> Nós conhecemos por conta do que nos foi ensinado.
> Nós conhecemos porque "todo mundo" diz.
> Nós conhecemos porque autoridades, livros e literatura dizem.
> Nós dizemos que conhecemos porque desafiar o *status quo* é difícil ou perigoso.
> Nós dizemos que conhecemos porque parece ser uma boa ideia.
> Nós dizemos que conhecemos porque nos será vantajoso.

Se você notar bem, em todas essas afirmações de Ryan não vemos uma porta para o uso da racionalidade. Porque não há! E isso é uma pena, porque a maioria das pessoas age sem qualquer tipo de critério. Veja bem, se o seu contexto familiar não lhe é favorável, queremos que fique claro que você pode estar coberto de razão, mas é você quem se sente mal com isso. Você poderia ser uma pessoa sem a consciência adequada da situação e levar tudo numa boa e nunca questionar o modo como sua família opera com você e com as demais pessoas.

Não sabemos como é a sua situação de vida, mas ruptura sempre faz com que as coisas mudem obrigatoriamente de lugar. Às vezes, essa ruptura não precisa ser a de deixar de ver sua família ou sair de casa, mas pode certamente ser um poderoso trabalho de "reforma íntima".

Assuma o controle, agora!

97

Vivo sob intensa pressão familiar e também dos amigos que me cobram diariamente uma aprovação no concurso público. Por essa razão, penso em desistir. Como fazer para lidar com isso?

Pressão é sempre algo muito difícil de lidar e muitas vezes difícil de entender. Como isso funciona? Você possui uma pressão interna, naturalmente sua. Isso vem em formato de cobranças que você faz no silêncio de sua intimidade. Vez por outra uma pessoa se aproxima e começa a dizer coisas ou a agir de forma que essa pressão tenda a aumentar ou diminuir. O ideal é sempre buscar o diálogo com familiares e amigos para que eles entendam que essa pressão somente prejudica. É importante passar para eles que você entende a ansiedade deles em ver sua vitória se aproximando, mas que isso gera a sensação de cobrança e essa cobrança o afasta mais e mais de seu objetivo final. A chave nesses processos é evitar mais conflitos, evite brigar com essas pessoas. Busque o apoio delas ao máximo e terá aliados para conquistar mais rápido seu objetivo.

De qualquer modo, vale também o exemplo da escola dos cínicos na Grécia antiga. A palavra cínico pouquíssimo tem a ver com a definição que temos hoje. Na verdade cínico vem de uma palavra grega que quer dizer cão. E era exatamente por esse motivo que eles eram chamados assim, eles eram chutados e abandonados feito cães. Um aprendiz quando entrava para a escola recebia a seguinte tarefa. Ele era obrigado a amarrar um peixe em uma corda e sair arrastando esse peixe no chão pela cidade. O que ocorria? Ele era motivo de chacota de todos! Com essa situação ele aprendia uma valorosa lição, a de que ele não poderia dar ouvido ao que as pessoas falavam. Ele aprendia dessa forma a não mais se deixar interferir pelas opiniões alheias.

É importante que o ser humano saiba (e dizemos isso de modo muito geral, não só para quem está se preparando para o concurso público, mas para todas as pessoas) que, na verdade, o que temos de cultura e entendimento daquilo que é imposto pela sociedade, como dogmas de uma igreja, são na verdade convenções instituídas para que nós entendamos aquilo que é certo ou errado. Não estamos falando aqui de ética, no sentido próprio que é o básico, segundo o estoicismo, concernente à justiça, a ideia de que temos de nos ajustar, por isso justiça, à lei maior (*logos*) que rege o *cosmos* que é todo o universo que conhecemos e que certamente também não conhecemos. Dizemos isso no intuito de mostrar a você que muitas coisas que as pessoas dizem não é reflexo do que você é, mas sim do que elas entendem que você é. O que elas dizem não obrigatoriamente passa à realidade como ela é, porque só é possível dizer quem nós somos sendo nós mesmos, pois a única coisa que pode falar sobre nós mesmos é algo que seja totalmente imediato à nós, sem ruídos ou sujeiras, e a coisa mais próxima de nós que há, somos nós!

Dessa forma será muito positivo se você começar a fazer um esforço de não se poluir tanto com o que as pessoas dizem, porque, se você quisesse ser cantor, as pessoas diriam que não ia dar certo, se você quisesse ser bombeiro, as pessoas diriam que você iria morrer em algum acidente cedo ou tarde, mas você como concurseiro, as pessoas podem dizer também uma série de coisas que irão te deixar profundamente desmotivado. O mais importante então é fazer um movimento em direção a si mesmo e descobrir dessa forma quais são as verdades reais que habitam de fato dentro de você.

> "Pedras no caminho? Guardo todas, um dia vou construir um castelo..."
> *Fernando Pessoa*

Quem decide estudar para concursos públicos raramente deixa de enfrentar resistências e críticas de familiares, amigos e até desconhecidos. Parte disso tem origem no fato de que muitos desconhecem que a opção do serviço público tornou-se, nos últimos anos, uma ótima opção de carreira, caracterizada pela ótima remuneração e estabilidade. Outra parte tem origem na descrença de que o concurseiro realmente tem capacidade de estudar o suficiente para passar em concursos públicos. Outra parte, ainda, tem origem em nada mais que maldade pura e simples, no desejo de fazer o concurseiro sentir-se mal e desmotivado.

Concurseiros sérios não perdem seu tempo e esforços replicando a quem os critica ou não acredita neles, nada disso, visto que todo o tempo e esforços devem ser concentrados nos estudos e não podem, de forma alguma, ser desperdiçados com algo tão mundano e sem propósito.

Acredite, depois que você passar e for empossado como servidor público, todos que o criticaram ou não acreditaram em você terão de se curvar e engolir as palavras amargas e negativas que lhe atiraram. Por isso mesmo não vale a pena perder seu tempo e esforço recolhendo as pedras que lhe atiram para atirá-las de volta. Nada disso, use-as, sim, na fundação do seu castelo de sucesso e de vitória na guerra dos concursos públicos.

98 | Tenho um grande problema com a minha motivação, não tenho forças suficientes para sair da minha "zona de conforto". O que fazer?

"Tenho um grande problema." Por que não comprou um menor? Aposto que não fica bem na decoração, não é? Grande demais, muito chamativo provavelmente.

Desaproprie-se dessas coisas. Não tome o problema. Foque-se na solução. Crie uma pergunta poderosa que vai frear o ritmo que sua mente está te levando.

Vamos ver como isso pode ser feito:

1. Qual foi a atitude de sucesso que eu tive diante de uma situação desmotivadora no passado e que culminou em uma alta sensação de motivação?
2. Lembrando agora dessa atitude, qual foi o pensamento? O que eu disse para mim mesmo? O que imaginei? O que é que eu senti?
3. Com as estratégias que você usou para sair de um estado de desmotivação e entrar em um estado motivacional, traga-as para esse momento de desmotivação. Como está agora?
4. Nesse momento você deve ter ficado um pouco mais forte e mais motivado do que antes, porque (1) lembrou de uma atitude de sucesso no passado, (2) analisou quais foram as estratégias que você usou para gerar isso e (3) trouxe essas estratégias para o momento presente. Vamos focar no presente e na meta que você quer, que é ficar motivado.
    4.1. Escreva até cinco coisas que você pode fazer até amanhã e que irá te deixar mais motivado a estudar.
    4.2. Tome uma das cinco decisões imediatamente. Largue este livro e faça isso agora!
    4.3. Agora que você já fez (e se não fez volte no item 4.2 e faça!), queremos que anote quais foram suas sensações visuais, auditivas e cinestésicas. Em outras palavras, o que imaginou, disse a si mesmo e como se sentiu.
    4.4. A partir de agora você sabe o que acontece quando entra em estados motivacionais para estudar. Dê constância e continuidade a essa técnica repetindo esse processo continuamente.

99 | Meus familiares, meus amigos e namorado(a) não aceitam que eu fique tanto tempo ausente estudando. O que eu devo fazer?

Estudar para concursos é algo que muita gente não entende. Essa falta de compreensão se dá porque muitos ficam em casa o dia todo estudando e isso é confundido com falta do que fazer. Afinal, a grande atividade que está acontecendo com o concurseiro não é visível aos olhos de outras pessoas. O movimento está dentro das cabeças dos estudantes!

Por isso, não é muito fácil distinguir o concurseiro sério, aquele que está estudando com afinco para as seleções públicas, do concurseiro falso/fazedor de concursos que está enganando a si mesmo e à própria família.

Além disso, as pessoas não entendem bem esse mecanismo porque não veem respostas rápidas para os esforços empreendidos pelo estudante. Geralmente, quando alguém decide aprender do zero a estudar para concursos, leva de dois a cinco anos estudando. Isso, frequentemente, frustra as expectativas dos leigos, os quais não conhecem como funcionam as engrenagens do cérebro e do processo em si. Consequentemente, muitos não dão suporte emocional ou financeiro porque não conseguem enxergar tão vividamente esse retorno.

A sugestão que se dá é a de conversar com seus familiares, amigos e namorado(a). Explique a eles o seu objetivo, mostre a eles como precisa de compreensão, peça-lhes suporte. Com jeito, possivelmente, haverá um bom entendimento.

E claro, procure sempre um pouco de tempo para o descanso e para conviver um pouco com essas pessoas tão importantes em nossas vidas. Um pouco de lazer moderado ao lado do marido/esposa, dos filhos, é sempre saudável e nos dá combustível para continuar estudando. O que seria de nós sem essas pessoas, não é mesmo? São nossas referências, são as pessoas que saborearão o doce sabor da vitória conosco.

Se, por outro lado, as pessoas com quem você buscou apoio não te ajudarem, procure não dar ouvidos aos comentários ruins que eventualmente aparecerem. Se alguém te desacreditar, prometa a si mesmo que não dará ouvidos ao que essas pessoas estão dizendo. Qualquer um pode passar em concursos, basta não desistir de batalhar em prol desse objetivo. O estudo com seriedade resulta, necessariamente, no sucesso. Não há outro jeito!

100. Tenho muito medo de passar e depois ficar arrependido de ter feito prova para aquele cargo que eu escolhi. O que fazer?

Não se aproprie das coisas que você não pode ter. Medo sempre é inventado, não se pode tê-lo! Simples explicação: medo e perigo, qual a diferença? Medo é sempre algo imaginado, projetado no futuro. Perigo é sempre iminente, sensivelmente percebido, por meio de recurso visual, auditivo ou cinestésico, como um carro que se aproxima, ou o cigarro do colega que está quase encostando em sua pele. Perigo sempre é real e por isso tangível. Medo não, pois ele está projetado no futuro e tudo pode acontecer no futuro menos o que você está pensando que acontecerá.

Podemos até terminar o texto por aqui, mas decidimos continuar, porque sentimos ser necessário ir um pouco mais além. Você pode perguntar: "Tudo bem, mas o que fazer se isso acontecer então?" Poderíamos responder para você o seguinte: treine a sua mente para estar preparada para qualquer evento que esteja, aparentemente, fora do seu alcance.

Parece bem simples e é. Comece mudando seu foco da seguinte forma:
1. O medo é seu? Cadê então a nota fiscal dele? Onde você o comprou?
2. Foque no que você quer e não no que você não quer. Por exemplo: você quer fazer concurso para a magistratura, mas acha que um técnico judiciário até que cai bem. É evidente que você vai ser infeliz.
3. Mesmo se você for para um local que aparentemente seja muito bom e você acabe descobrindo que não era exatamente o que esperava, tudo bem. Você conseguiu passar para um concurso público, o que muita gente boa aí não consegue, e agora tem segurança para tentar um novo concurso sem o desespero de antes. É bom lembrar que nesse ponto você já subiu algumas escadarias e está, de certo modo, bem alto, não é?

É importante salientar que o valor das coisas não está nelas, e sim em nós. Se o valor das coisas fosse intrínseco às mesmas, na embalagem de um pote de jilós viria escrito assim: "Cuidado! Produto muito amargo, ninguém gosta dele." No entanto, apesar de amargo, muitas pessoas comem jiló. É porque a amargura está na pessoa, não no jiló. Gostaram do duplo sentido? Amargura da pessoa e amargura do jiló? Pois é, parece brincadeira, mas não é, porque o jiló não pode ficar amargurado, e mesmo que ele ficasse, isso seria problema dele e não seu. Aí vem a grande questão: se sou eu quem dá ao jiló a grandeza de amargura, porque tenho um jeito específico de suportar ou me comprazer do amargo, então tudo está em mim? De certo modo, sim! Pois as coisas não são como são e sim como as pessoas as interpretam. Por exemplo, tomamos as palavras desse livro como verdade porque é fácil, afinal elas são nossas, mas você que está lendo pode discordar de cada sílaba que estamos tendo o trabalho de escrever.

Agora, pense no seguinte: da mesma forma que você toma o medo para você, os valores também recebem o mesmo efeito da sua reação. Eles também são arrebatados de algum lugar do seu inconsciente e você os manifesta diante de uma situação qualquer.

Daremos um exemplo: imagine-se chupando neste exato momento um limão. Haverá pessoas que reagirão com repulsa e outras (que estranhamente conhecemos) que irão adorar. Desta forma, lembre-se de que o medo que você toma para si pode não existir, mas sim ser inventado para desculpar alguma outra coisa que é bem mais real, como o fato de, neste caso, querer tentar a carreira dos sonhos.

Medo de se arrepender? Será que já não está arrependido de alguma coisa?

E agora, o que fazer?

> "São as dúvidas que nos fazem crescer, porque nos obrigam a olhar sem medo para as muitas respostas de uma mesma pergunta."
>
> *Paulo Coelho*

Pronto, agora que você sanou as dúvidas que tinha sobre concursos públicos e aprendeu muito mais coisas do que imaginava, chegou a hora de dar uma utilidade prática para toda essa informação. Para isso lhe damos três conselhos:

1 – Aplique o que você aprendeu em sua vida. Se você ainda tinha dúvida se valia a pena estudar para concursos públicos, agora sabe que vale sim. Se você não sabia como estudar com seriedade para concursos públicos, agora sabe. Se você já estudava, mas do jeito errado, agora sabe como fazê-lo corretamente.

2 – Ajude a outras pessoas que tenham dúvidas sobre concursos públicos. Nunca se esqueça de que antes de ler este livro você era como elas. Divulgar o conhecimento é, além de um ato de cidadania, uma forma prática de tornar o mundo melhor e mais humano.

3 – Se tiver outras dúvidas, use e abuse da "linha direta" que você tem conosco através do *hotsite* da Editora Campus/Elsevier. Envie-nos suas dúvidas, quantas forem, e teremos o maior prazer em ajudá-lo(a) a saná-las.

Então, mãos à obra e bons estudos. Estude com seriedade, e você também se tornará servidor público com toda a certeza, e assim terá uma vida mais estável, farta e feliz, além de poder ajudar o Brasil a se tornar um país mais justo e solidário.

Conteúdo Complementar na Web

Em nosso *site*, na página do livro, você encontra material exclusivo desta obra. Este material, que irá complementar sua leitura, está disponível para acesso e *download* através do código abaixo.

Desejamos-lhe sucesso e bons estudos!

Código para acesso ao material exclusivo em:
www.elsevier.com.br

DIAS

Por favor, preencha o formulário abaixo e envie pelos correios ou acesse www.elsevier.com.br/cartaoresposta. Agradecemos sua colaboração.

Seu nome: _____

Sexo: ☐ Feminino ☐ Masculino   CPF: _____

Endereço: _____

E-mail: _____

Curso ou Profissão: _____

Ano/Período em que estuda: _____

Livro adquirido e autor: _____

Como conheceu o livro?

☐ Mala direta
☐ Recomendação de amigo
☐ Recomendação de professor
☐ Site (qual?) _____
☐ Evento (qual?) _____
☐ E-mail da Campus/Elsevier
☐ Anúncio (onde?) _____
☐ Resenha em jornal, revista ou blog
☐ Outros (quais?) _____

Onde costuma comprar livros?

☐ Internet. Quais sites? _____
☐ Livrarias ☐ Feiras e eventos ☐ Mala direta

☐ Quero receber informações e ofertas especiais sobre livros da Campus/Elsevier e Parceiros.

Siga-nos no twitter @CampusElsevier

Cartão Resposta
050120048-7/2003-DR/RJ
Elsevier Editora Ltda
...CORREIOS...

SAC | 0800 026 53 40
ELSEVIER | sac@elsevier.com.br

CARTÃO RESPOSTA
Não é necessário selar

O SELO SERÁ PAGO POR
Elsevier Editora Ltda

20299-999 - Rio de Janeiro - RJ

Qual(is) o(s) conteúdo(s) de seu interesse?

Concursos
- [ ] Administração Pública e Orçamento
- [ ] Arquivologia
- [ ] Atualidades
- [ ] Ciências Exatas
- [ ] Contabilidade
- [ ] Direito e Legislação
- [ ] Economia
- [ ] Educação Física
- [ ] Engenharia
- [ ] Física
- [ ] Gestão de Pessoas
- [ ] Informática
- [ ] Língua Portuguesa
- [ ] Línguas Estrangeiras
- [ ] Saúde
- [ ] Sistema Financeiro e Bancário
- [ ] Técnicas de Estudo e Motivação
- [ ] Todas as Áreas
- [ ] Outros (quais?) _____

Educação & Referência
- [ ] Comportamento
- [ ] Desenvolvimento Sustentável
- [ ] Dicionários e Enciclopédias
- [ ] Divulgação Científica
- [ ] Educação Familiar
- [ ] Finanças Pessoais
- [ ] Idiomas
- [ ] Interesse Geral
- [ ] Motivação
- [ ] Qualidade de Vida
- [ ] Sociedade e Política

Jurídicos
- [ ] Direito e Processo do Trabalho/Previdenciário
- [ ] Direito Processual Civil
- [ ] Direito e Processo Penal
- [ ] Direito Administrativo
- [ ] Direito Constitucional
- [ ] Direito Civil
- [ ] Direito Empresarial
- [ ] Direito Econômico e Concorrencial
- [ ] Direito do Consumidor
- [ ] Linguagem Jurídica/Argumentação/Monografia
- [ ] Direito Ambiental
- [ ] Filosofia e Teoria do Direito/Ética
- [ ] Direito Internacional
- [ ] História e Introdução ao Direito
- [ ] Sociologia Jurídica
- [ ] Todas as Áreas

Media Technology
- [ ] Animação e Computação Gráfica
- [ ] Áudio
- [ ] Filme e Vídeo
- [ ] Fotografia
- [ ] Jogos
- [ ] Multimídia e Web

Negócios
- [ ] Administração/Gestão Empresarial
- [ ] Biografias
- [ ] Carreira e Liderança Empresariais
- [ ] E-business
- [ ] Estratégia
- [ ] Light Business
- [ ] Marketing/Vendas
- [ ] RH/Gestão de Pessoas
- [ ] Tecnologia

Universitários
- [ ] Administração
- [ ] Ciências Políticas
- [ ] Computação
- [ ] Comunicação
- [ ] Economia
- [ ] Engenharia
- [ ] Estatística
- [ ] Finanças
- [ ] Física
- [ ] História
- [ ] Psicologia
- [ ] Relações Internacionais
- [ ] Turismo

Áreas da Saúde
- [ ]

Outras áreas (quais?): _____

Tem algum comentário sobre este livro que deseja compartilhar conosco?